Charles W. Leadbeater

Unsere unsichtbaren Helfer

Charles W. Leadbeater

UNSERE UNSICHTBAREN HELFER

Aquamarin Verlag

Originaltitel: Invisible Helpers

1. Auflage 2011

Voglherd 1 • D-85567 Grafing

Übersetzung aus dem Englischen: Dr. Edith Zorn

Umschlaggestaltung: Annette Wagner
Umschlaggestaltung unter Verwendung von
„Earth with Rising Sun“ illustration background

Satz: Sebastian Carl

Druck: Bercker • Kevelaer

ISBN 978-3-89427-558-7

Inhalt

Kapitel I

Allgemein verbreiteter Glaube

Eines der schönsten Merkmale der Theosophie besteht darin, dass sie den Menschen in rationaler Form die nützlichen und hilfreichen Aspekte der Religionen, denen sie entwachsen sind, zurückgibt. Viele, die den Kokon blinden Glaubens durchbrochen und sich auf den Schwingen der Vernunft und der Intuition zu dem freien, edlen Mentalleben höherer Ebenen aufgeschwungen haben, fühlen, dass im Laufe dieses wunderbaren Werdeganges etwas verlorenging. Indem sie den Glauben ihrer Kindheit aufgaben, ist viel von der Schönheit und Poesie ihres Lebens weggefallen.

Ließ sie ihre Lebensweise in der Vergangenheit in den positiven Einflussbereich der Theosophie gelangen, werden sie rasch entdecken, dass nichts verlorenging und sie überaus viel gewonnen haben. Die Freude, Schönheit und Poesie übersteigt alle ihre Erwartungen. Es handelt sich nicht um einen angenehmen Traum, aus dem sie das kalte Licht gesunden Menschenverstandes irgendwann wachrüttelt, sondern um Naturwahrheiten, die den Untersuchungen standhalten und die sich heller, umfassender und vollkommener zeigen, je eingehender man sie versteht.

Ein auffallendes Beispiel für die nutzbringende Tätigkeit der Theosophie ist die Art und Weise, in der sie die unsichtbare Gesellschaft (die, ehe uns die Woge des Materialismus verschlang, als Quelle lebendigen Beistands betrachtet wurde) der modernen Welt wiedergeschenkt hat. Sie zeigt, dass es sich bei dem zauberhaften Volksgut über Elfen, Zwerge, Gnome und die Geister der Luft, des Wassers und des Waldes, der Berge und Minen nicht um bedeutungslosen Aberglauben handelt, sondern dass dieser auf wissenschaftlichen Fakten beruht. Die fundamentale Frage: „Wenn der Mensch stirbt, wird er erneut leben?“ beantwortet sie gleichermaßen eindeutig und wissenschaftlich. Ihre Lehren über die Natur und die Lebensbedingungen nach dem Tod werfen eine Lichtflut auf einen Großteil dessen, was, zumindest in der westlichen Welt, einst undurchdringliches Dunkel verhüllte.

Es kann nicht oft genug wiederholt werden, dass die Theosophie, im Gegensatz zu der üblichen Religion mit ihrer Lehre über die Unsterblichkeit der Seele und einem Leben nach dem Tod, eine völlig unterschiedliche Ansicht vertritt. Sie gründet diese erhabenen Wahrheiten nicht bloß auf die Autorität irgendwelcher heiliger Schriften aus ferner Vergangenheit. Wenn sie über diese Themen spricht, befasst sie sich nicht mit frommen Ansichten oder metaphysischen Spekulationen, sondern soliden, definitiven Fakten, die ebenso real und greifbar sind wie die Luft, die wir atmen, oder die Häuser, in denen wir wohnen. Es sind Fakten, die viele von uns tagtäglich erleben, Fakten, mit denen sich viele unserer Studenten fortwährend beschäftigen.

Von den zahlreichen Vorstellungen, die uns die Theosophie erneut nahegebracht hat, sticht das hilfreiche Wirken der Natur hervor. Seit Urzeiten hat man überall auf der Welt daran geglaubt. Außerhalb der engstirnigen Domäne des Protestantismus –, der bei dem Versuch, die natürliche und einzig wahre Vorstellung von vermittelnden Kräften abzuschaffen, die Welt seiner Anhänger inhaltslos machte und verdunkelte und alles auf zwei Faktoren reduzierte, auf Mensch und Gottheit, und somit den Gottesbegriff unsagbar degradierte und den Menschen hilflos ließ –, herrscht dieser universelle Glaube selbst in der heutigen Zeit.

Eine kurze Betrachtung des gängigen Schicksalsgedankens, die Vorstellung vom Eingreifen einer launenhaften Zentralmacht des Universums, mit dem Ergebnis seiner eigenen Beschlüsse, wirft den Aspekt der Voreingenommenheit und den unweigerlich damit einhergehenden Übeln auf. Die theosophische Lehre, dass einem Menschen nur dann Hilfe zuteil werden kann, wenn seine vergangenen Taten diesen Beistand verdient haben und sie ihm von jenen gewährt wird, die seiner eigenen Ebene vergleichsweise nahe stehen, erhebt sich über diesen schwerwiegenden Einwand. Hinzu kommt, dass sie uns die ältere und weitaus höhere Vorstellung von einer ununterbrochenen Linie lebendiger Wesen wieder vor Augen führt, die vom Logos bis hinab zum Staub unserer Füße reicht.

Die Existenz der *unsichtbaren Helfer* hat im Osten stets Anerkennung gefunden, obgleich die ihnen zugeordneten Namen und Merkmale in den einzelnen Ländern variieren.

In Europa berichten die Sagen des antiken Griechenlands von dem unablässigen Eingreifen der Götter in die Angelegenheiten der Menschen, und die römische Legende erzählt, dass Castor und Pollux die Legionen der jungen Republik im Kampf am See Regillus führten. Dieser Gedanke der klassischen Antike fand seine würdigen Nachfolger in den mittelalterlichen Legenden über Heilige, die in kritischen Momenten erschienen und den Krieg zugunsten der Christen wendeten, oder von Schutzengeln, die bisweilen einschritten, um fromme Reisende vor Unglück zu bewahren.

Kapitel II

Beispiele der heutigen Zeit

Selbst in diesem skeptischen Zeitalter, trotz unserer dogmatischen Wissenschaft und der tödlichen Dumpfheit unseres Protestantismus, wird jeder, der sich die Mühe macht, näher hinzuschauen, Zeichen von Intervention finden, die sich aus rein rationalen Überlegungen nicht erklären lassen. Zum besseren Verständnis möchte ich einige Beispiele anführen, von denen ein oder zwei auf meinen eigenen Beobachtungen basieren.

Bei den noch nicht lange zurückliegenden Beispielen fällt auf, dass es sich fast immer um Ereignisse handelt, in denen Kinder gerettet oder beschützt wurden.

Ein interessanter Fall, der sich vor einigen Jahren in London abspielte, stand in Zusammenhang mit der Rettung eines Kindes, als in einer Straße ein Feuer ausbrach und zwei Häuser völlig zerstörte. Ehe es entdeckt wurde, hatten die Flammen sie bereits so stark ergriffen, dass die Feuerwehrleute nicht mehr in der Lage waren, sie zu retten. Es gelang ihnen jedoch, alle Bewohner herauszuholen, mit Ausnahme einer alten Frau, die im Rauch erstickte, bevor man zu ihr gelangte, und einem fünfjährigen Kind, das man in der Aufregung völlig vergessen hatte.

Die Mutter des Kindes war wohl eine Freundin oder Verwandte der Hausbesitzerin, in deren Obhut sie das kleine Wesen für die Nacht gegeben hatte, weil sie geschäftlich verreisen musste. Erst als alle gerettet waren und die Flammen das Haus umzüngelten, erinnerte sich die Hausbesitzerin mit jähem Entsetzen an ihren Schutzbefohlenen. Trotz der Aussichtslosigkeit, die Dachstube, in der man das Kind zu Bett gebracht hatte, zu erreichen, beschloss ein tapferer Feuerwehrmann, einen verzweifelten Vorstoß zu wagen. Nachdem man ihm genau beschrieben hatte, wo die Kammer lag, stürzte er sich in die Flammen und den Rauch.

Er fand das Kind und brachte es vollkommen unbeschadet zurück. Seinen Kameraden hatte er eine ungewöhnliche Geschichte zu berichten. Als er das Zimmer erreichte, stand es in Flammen. Der größte Teil des Fußbodens war bereits zusammengebrochen. Das Feuer hatte den Raum zum Fenster hin in einer solch unnatürlichen, unerklärlichen und von ihm noch niemals zuvor gesehenen Weise durchzogen, dass die Ecke, in der das Kind lag, völlig unberührt geblieben war, obwohl die Balken, die den restlichen Fußboden hielten, auf dem das Kinderbett stand, zum Teil verkohlt waren. Das Kind fürchtete sich natürlich entsetzlich. Der Feuerwehrmann betonte wiederholt, eine Gestalt, die einem Engel glich, gesehen zu haben, als er unter großer Gefahr auf das Kind zuging. Dieses Etwas „von herrlichem Weiß und Silber beugte sich über das Bettchen und glättete die Bettdecke“. Seiner

Aussage nach konnte es sich um keinen Irrtum handeln, da die Gestalt für einige Augenblicke in gleißendem Licht sichtbar wurde und erst verschwand, als er sie fast erreicht hatte.

Ein weiterer seltsamer Aspekt dieser Geschichte ist die Tatsache, dass die abwesende Mutter des Kindes in jener Nacht keinen Schlaf finden konnte und von dem starken Gefühl gequält wurde, dass etwas nicht stimmte. Schließlich erhob sie sich und betete inständig um seinen Schutz. Die Intervention war so offensichtlich, dass ein Christ darin wohl die Antwort auf das Gebet sieht. Ein Theosoph würde es wissenschaftlicher ausdrücken und erklären, dass die starke Liebe der Mutter eine Kraft bewirkte, die sich ein *unsichtbarer Helfer* zunutze machen konnte, um ihr Kind vor dem schrecklichen Tod zu bewahren.

Ein bemerkenswerter Fall, bei dem Kinder in ungewöhnlicher Weise beschützt wurden, ereignete sich einige Jahre zuvor am Ufer der Themse. Diesmal war die Gefahrenquelle nicht das Feuer, sondern das Wasser. Ein Kindermädchen ging mit seinen drei Schutzbefohlenen auf einem Treidelpfad spazieren. Um eine Ecke biegend, stießen sie auf ein Pferd, das einen Frachtkahn zog. In dem Durcheinander gerieten zwei der Kinder auf die verkehrte Seite des Weges und fielen ins Wasser.

Als der Bootsführer, der den Vorfall beobachtet hatte, hervorsprang, um die Kinder zu retten, sah er sie „in höchst ungewöhnlicher Weise“ hoch oben auf dem Wasser in Richtung Ufer gleiten. Dies war alles, was er und das Kindermädchen beobachteten. Die Kinder hingegen erklärten, „eine wunderschöne, strahlend weiße Person“ habe sie hochgehalten und zum Ufer geführt. Die Tochter des Kahnführers bestätigte ihre Aussage. Aufgeschreckt durch die Schreie des Kindermädchens, war sie aus der Kabine an Deck gelaufen und hatte, wie sie beteuerte, eine liebliche Dame im Wasser gesehen, die die beiden Kinder ans Ufer zog.

Ohne nähere Einzelheiten zu kennen, lässt es sich nicht mit Gewissheit sagen, aus welcher Klasse von Helfern dieser „Engel“ stammte. Wahrscheinlich handelte es sich um einen entwickelten Menschen, der in seinem Astralkörper wirkte, wie wir später sehen werden, wenn wir uns mit diesem Thema sozusagen von der anderen Seite aus befassen werden, aus der Sichtweise der Helfenden, weniger aus der Sicht jener, denen geholfen wird.

Der Geistliche Dr. John Mason Neale berichtet von einem Fall, der sich eindeutiger bestimmen lässt. Ein unlängst verwitweter Vater hielt sich mit seinen Kindern zu Besuch im Landhaus eines Freundes auf. Im unteren Teil dieses weitläufigen alten Gebäudes gab es lange dunkle Gänge, in denen die Kinder begeistert spielten. Doch bald kamen sie mit ernster Miene nach oben. Zwei von ihnen erzählten, dass sie ihrer Mutter begegnet waren, als sie einen der Gänge entlangliefen. Sie hatte sie aufgefordert, augenblicklich umzukehren. Dann war sie verschwunden. Nachforschungen ergaben, dass die Kinder in einen tiefen, nicht abgedeckten Brunnenschacht gestürzt wären, hätten sie ihren Weg nur um wenige Schritte fortgesetzt. Die Erscheinung der Mutter hatte sie vor dem wohl sicheren Tode bewahrt.

Es besteht kein Zweifel, dass die Mutter auf der Astralebene liebevoll über ihre Kinder wachte. Ihr inniger Wunsch, sie auf die unmittelbare Gefahr aufmerksam zu machen, verlieh ihr die Kraft, sich für die Kinder vorübergehend sicht- und hörbar zu machen oder zumindest ihren Geist dahingehend zu beeinflussen, dass sie annahmen, sie zu hören und zu sehen. Es besteht natürlich die Möglichkeit, dass es sich um einen anderen Helfer handelte, der die vertraute Gestalt der Mutter annahm, um die Kinder zu warnen. Andererseits lässt sich dieses Eingreifen wohl am ehesten der stets wachsamen Mutterliebe zuschreiben, die den Tod überdauert.

Diese Mutterliebe, eines der heiligsten und selbstlosesten Gefühle, bleibt auch auf den höheren Ebenen bestehen. Die Mutter, die auf den unteren Astralebenen weilt und somit weiterhin mit der Erde in Berührung steht, behält ihr Interesse und ihre Sorge für die Kinder bei, solange sie diese sieht. Selbst nach ihrem Eintritt in die himmlische Welt stehen die Kleinen im Vordergrund ihrer Gedanken. Die Liebe, mit denen sie ihr Bild von ihnen überschüttet, bewirkt eine gewaltige Flut spiritueller Kraft, die sich über ihre Nachkommen ergießt, die weiterhin in der niederen Welt kämpfen, und umgibt sie mit lebendigen, wohltätigen Energiezentren, die durchaus als wahrhafte Schutzengel beschrieben werden können.

Vor nicht allzu langer Zeit ging die kleine Tochter eines unserer englischen Bischöfe mit ihrer Mutter in der Stadt spazieren, in der sie wohnten. Das Kind überquerte achtlos die Straße und wurde von den Pferden einer Kutsche umgerannt, die in rascher Fahrt um die Ecke bog. Als die Mutter ihr Kind zu Füßen der Pferde liegen sah, rannte sie hinzu und erwartete, es schwer verletzt vorzufinden. Fröhlich stand es auf und meinte: „Oh, Mama, mir fehlt nichts, denn etwas Weißes hat die Pferde davon abgehalten, auf mich zu treten, und mir gesagt, ich solle mich nicht fürchten.“

In einem anderen Fall überrascht die Länge der Zeit, mit der sich die zur Hilfe kommende Kraft auf physischer Ebene manifestierte. Bei den bisher genannten Ereignissen dauerte die Intervention nur wenige Augenblicke, wohingegen das in diesem Fall erscheinende Phänomen länger als eine halbe Stunde zu währen schien.

Abgesehen von zweien ihrer Kinder, waren die gesamte Bauersfamilie und ihre Helfer mit der Ernte beschäftigt. Die beiden Kleinen wanderten in den Wald und verloren bald ihren Weg, da sie sich allzu weit von ihrem Elternhaus entfernt hatten. Als man von der Arbeit zurückkehrte, entdeckten die Eltern, dass die Kinder nicht zu Hause waren. Da die Nachbarn nichts über ihren Verbleib wussten, schickte der Vater Diener und Arbeiter in alle Richtungen, um nach ihnen zu suchen. Ihre Bemühungen blieben erfolglos und ihre Rufe unbeantwortet. Als sie sich bedrückt im Hof wieder einfanden, bemerkten sie in der Ferne ein seltsames Licht, das sich langsam über die Felder auf die Straße zubewegte. Ihrer Beschreibung nach handelte es sich dabei um eine recht große, golden schimmernde Kugel, die sich von gewöhnlichem Lampenlicht stark unterschied. Als sie sich näherte, sahen sie darin die beiden Kinder auf sie zukommen. Der Vater und einige seiner Arbeiter liefen ihnen entgegen. Erst als sie nach den Kindern greifen wollten, verschwand das Licht, und alles war dunkel.

Die Kinder berichteten, dass sie nach Einbruch der Dunkelheit eine Weile rufend im Wald umhergeirrt waren und sich schließlich unter einen Baum zum Schlafen niedergelegt hatten. Eine wunderschöne Dame mit einer Lampe hatte sie geweckt, bei der Hand genommen und nach Hause geführt. Auf ihre Fragen habe sie nur gelächelt, aber kein Wort gesprochen. An dieser seltsamen Geschichte hielten sie fest. Nichts konnte ihren Glauben an das Gesehene erschüttern. Obgleich alle Anwesenden das Licht sahen, das die Bäume und Sträucher wie ein gewöhnliches Licht erhellte, wurde die Dame nur den Kindern sichtbar.

Kapitel III

Ein persönliches Erlebnis

Die erwähnten Fälle sind weitgehend bekannt und mögen in einigen Büchern enthalten sein, die sich mit diesem Thema befassen. Die meisten Berichte finden sich in der Sammlung *More Glimpses of the World Unseen* von Dr. Lee. Die beiden nachstehenden, bislang noch nicht veröffentlichten Fälle ereigneten sich im Laufe der vergangenen zehn Jahre und widerfuhren mir persönlich und einem lieben Freund, einem Mitglied der Theosophischen Gesellschaft, dessen genaue Beobachtung nicht den geringsten Zweifel zulässt.

Mein eigenes Erlebnis ist sehr einfach, aber bedeutend für mich, da das Eingreifen zweifellos mein Leben rettete. In einer ungewöhnlich regnerischen und stürmischen Nacht ging ich eine ruhige Seitenstraße entlang und bemühte mich ziemlich erfolglos, meinen Regenschirm gegen die wilden Sturmböen zu halten, die ihn mir jeden Augenblick zu entreißen drohten. Während ich mich vorankämpfte, versuchte ich, Einzelheiten einer Arbeit, mit der ich mich gerade befasste, gedanklich auszufeilen.

Urplötzlich rief eine mir wohlbekannte Stimme, die Stimme eines indischen Lehrers, in mein Ohr: „Spring zurück!“ Mechanisch gehorchend und noch bevor ich etwas denken konnte, warf ich mich zurück. In diesem Augenblick wurde mir der Schirm, der bei der hastigen Bewegung nach vorne umschlug, aus der Hand gerissen. Ein riesiger metallener Schornsteinkopf krachte weniger als einen Meter vor mir auf das Pflaster. Sein Gewicht und die ungeheure Wucht, mit der er herabstürzte, hätten mich ohne die warnende Stimme mit Sicherheit auf der Stelle getötet. Doch die Straße war leer, und die Stimme gehörte zu jemandem, der sich Tausende von Kilometern entfernt aufhielt, zumindest was seinen physischen Körper anbelangte.

Es war nicht das erste Mal, dass mir Hilfe dieser übernatürlichen Art zuteil wurde. In jungen Jahren, lange vor Gründung der Theosophischen Gesellschaft, hinderte mich die Erscheinung eines erst kürzlich verstorbenen Lieben daran, einen, aus heutiger Sicht gesehen, ernsthaften Frevel zu begehen. Im Lichte meines damaligen Wissensstandes schien es sich nicht nur um eine gerechtfertigte, sondern sogar um eine löbliche Vergeltungsmaßnahme zu handeln. Zu einem späteren, ebenfalls vor Gründung dieser Gesellschaft gelegenen Zeitpunkt erhielt ich inmitten eines beeindruckenden Umfeldes eine Warnung aus höheren Ebenen, die es mir ermöglichte, einen anderen Menschen daran zu hindern, einen Kurs einzuschlagen, der, vom heutigen Standpunkt aus betrachtet, verheerend verlaufen wäre, obwohl ich damals keinen Grund hatte, dies anzunehmen. Meine persönlichen Erfahrungen erhärten meinen Glauben an die Lehre von den unsichtbaren Helfern, ganz abgesehen von meinem Wissen um die zurzeit beständig gewährte Hilfe.

Bei dem nächsten Beispiel handelt es sich um einen höchst erstaunlichen Fall. Die Dame gehört unserer Gesellschaft an und erlaubt mir, ihre Geschichte zu veröffentlichen, möchte aber namentlich nicht erwähnt werden. Umständen zufolge, auf die an dieser Stelle nicht eingegangen werden soll, geriet sie in einen gefährlichen Straßentumult. Angesichts einiger Männer, die vor ihren Augen niedergeschlagen und offensichtlich stark verletzt wurden, erwartete sie jeden Moment ein ähnliches Schicksal, da ein Entkommen aus dem Gedränge unmöglich zu sein schien.

Plötzlich fühlte sie sich aus der Menge gewirbelt und fand sich unverletzt und völlig allein in einer parallel verlaufenden Seitenstraße wieder. Sie hörte noch den Kampflärm und wunderte sich, was mit ihr geschehen war, als zwei oder drei Männer, die dem Mob entkommen waren, hastig um die Ecke bogen. Sie waren überrascht und erfreut, die tapfere Frau zu sehen, denn als sie plötzlich verschwand, hatten sie geglaubt, sie sei niedergeschlagen worden.

Sie fand keine Erklärung für den Vorfall und machte sich verwirrt auf den Heimweg. Als sie später Madame Blavatsky von dem Ereignis erzählte, erfuhr sie, dass ihr Karma eine Errettung aus dieser höchst gefährlichen Situation möglich machte. In Anbetracht der Tatsache, dass ihr Leben für das Werk benötigt wurde, hatte einer der Meister jemanden zu ihrem Schutz geschickt.

Trotzdem bleibt der Fall äußerst ungewöhnlich, einmal im

Hinblick auf die ungeheure Kraft, die zum Einsatz kam, und zum anderen wegen des öffentlichen Aspektes der Manifestation. Der *modus operandi* lässt sich unschwer vorstellen. Ihr Körper muss über die dazwischenliegenden Häuser gehoben und auf der nächsten Straße abgesetzt worden sein. Da man ihn nicht in der Luft dahingleiten sah, muss ihn beim Transport eine Art Schleier (wahrscheinlich aus Äthermaterie) umhüllt haben.

Dem Einwurf, dass alles, was physische Materie einzuhüllen vermag, selbst physischer Natur sein muss, kann die Tatsache entgegengehalten werden, dass mittels eines Prozesses, der allen esoterischen Schülern vertraut ist, Lichtstrahlen in einer Weise gebeugt werden können, dass sie ihren vorhergehenden Verlauf exakt wieder aufnehmen, nachdem sie einen Gegenstand umrundet haben. Dieser wird für das physische Auge so lange vollkommen unsichtbar bleiben, bis die Strahlen ihre normale Bahn wieder aufnehmen. Ich bin mir durchaus bewusst, dass diese Erklärung genügt, meine Aussagen in den Augen der heutigen Wissenschaft als unsinnig abzustempeln, aber so ist es nun einmal. Es handelt sich lediglich um eine Fähigkeit der Natur, die eines Tages von den Wissenschaftlern entdeckt werden wird. Diejenigen, die sich nicht mit der Esoterik befassen, müssen bis dahin warten, um die Aussage bestätigt zu sehen.

Jedem, der die verborgenen Kräfte ein wenig versteht, wird der Vorgang einleuchten. Das Phänomen selbst ist äußerst spannend. Die Heldin der Geschichte könnte dafür bürgen.

Alle diese Beispiele, die man allgemein als himmlische Intervention bezeichnet, illustrieren nur einen geringen Teil des Wirkens unserer *unsichtbaren Helfer*. Bevor wir die übrigen Aspekte ihrer Arbeit betrachten, sollten wir uns die unterschiedlichen Gruppen dieser helfenden Wesen vor Augen führen.

Kapitel IV

Die Helfer

Hilfe kann von verschiedenen Bewohnern der Astralwelt gewährt werden. Sie mag von Devas, Naturgeistern oder jenen kommen, die in ihrem Leben bewusst auf der Astralebene wirken, vor allem von Adepten und ihren Schülern. Bei näherer Betrachtung werden wir erkennen, dass, obwohl alle erwähnten Gruppen an dieser Arbeit beteiligt sein mögen oder es bisweilen auch tatsächlich sind, sie in solch unterschiedlichem Maße daran teilnehmen, dass sie im Grunde genommen fast immer einer Gruppe obliegt.

Die Tatsache, dass der Beistand entweder auf oder von der Astralebene aus geschieht, bedarf einer Erklärung. Jeder, der auch nur die geringste Ahnung von den Kräften besitzt, über die ein Adept gebietet, wird sofort erkennen, dass es für ihn eine weitaus größere Energieverschwendung wäre, auf der Astralebene zu wirken, als wenn unsere führenden Ärzte oder Wissenschaftler die Straße pflasterten.

Der Adept wirkt in den höheren Regionen, vornehmlich auf den formlosen (Arupa-)Ebenen des Devachan oder der himmlischen Welt. Dort beeinflusst er energetisch die wahre Individualität des Menschen, nicht seine bloße Persönlichkeit. In der Astral- oder physischen Welt kann nur sie erreicht werden. Die von ihm in der höheren Welt eingesetzte Kraft wirkt sich stärker, weitreichender und anhaltender aus als der zehnfache Energieaufwand hier unten. Er vermag seine Aufgabe alleine zu erfüllen, während die Arbeit auf den unteren Ebenen bis zu einem gewissen Ausmaß von jenen geschafft werden kann, deren Füße noch auf den unteren Sprossen der Leiter stehen, die sie eines Tages dorthin führen wird, wo ein Adept steht.

Das Gleiche gilt für die Devas. Da sie einem höheren Naturreich angehören, scheint der größte Teil ihres Wirkens nicht mit der Menschheit in Zusammenhang zu stehen. Selbst wenn einige unter ihnen bisweilen auf unsere Sehnsüchte und unsere Bitten reagieren, geschieht dies auf der Mental-, weniger auf der physischen oder Astralebene, und dies häufiger in den Perioden zwischen unseren Inkarnationen als während unseres Erdendaseins.

Einige Fälle derartiger Hilfe beobachtete man bei Untersuchungen einer Unterabteilung des Devachan, die für ein theosophisches Magazin, das sich mit diesem Thema beschäftigen sollte, durchgeführt wurden. In einem Fall lehrte ein Deva einem Chormitglied eine wunderschöne, nahezu himmlische Melodie. In einem anderen Fall unterwies und führte ein Deva anderer Ordnung einen Astronomen, der sich darum bemühte, die Form und Struktur des Universums zu begreifen.

Dies sind nur zwei von vielen Beispielen, in denen das große Deva-Reich der Evolution weiterhalf und auf die höheren Bestrebungen des Menschen nach dem Tod reagierte. Es gibt

Methoden, mittels derer man sich diesen Lichtgestalten zu nähern und eine unendliche Wissensfülle von ihnen zu erwerben vermag, obwohl selbst dann eine solche Verbindung eher dadurch entsteht, dass man sich auf ihre Ebene erhebt und weniger, indem man sie anruft und herabzusteigen bittet.

In unserem alltäglichen Leben greift ein Deva höchst selten ein. Die Arbeit auf seiner eigenen Ebene nimmt ihn so stark in Anspruch, dass er sich dessen wahrscheinlich kaum bewusst wird. Sollte er gelegentlich eine menschliche Sorge oder Schwierigkeit wahrnehmen, die sein Mitleid entfacht und ihn zu irgendeiner Form der Hilfe bewegt, wird sein weitreichender Blick erkennen, dass zum augenblicklichen Zeitpunkt der Evolution ein solches Eingreifen in den meisten Fällen eher schaden als nützen wird.

In ihren Anfängen hat es zweifellos eine Periode gegeben, in der die Menschheit sehr viel mehr Unterstützung von außerhalb erhielt, als es gegenwärtig der Fall ist. Als alle ihre Buddhas und Manus und selbst ihre eher alltäglichen Führer und Lehrer aus der Deva-Evolutionslinie oder der vervollkommneten Menschheit eines fortgeschritteneren Planeten stammten, muss eine solche Hilfe auch von diesen hohen Wesen gekommen sein. Im Laufe seines Fortschritts vermag der Mensch selbst als Helfer zu wirken, zunächst auf der physischen Ebene und später auf höheren Ebenen. Wir haben eine Stufe erreicht, auf der es der Menschheit möglich sein sollte, für sich selbst unsichtbare Helfer zur Verfügung zu stellen, was in geringem Maße auch geschieht, und die Wesen, die es vermögen, für ein nützlicheres und höheres Wirken freizusetzen.

Offensichtlich vermag ein solcher Beistand von Männern und Frauen auf einer bestimmten Entwicklungsstufe durchaus gewährt zu werden, nicht von Adepten, denn diese besitzen die Fähigkeit zu höherem und umfassenderem Wirken, und auch nicht vom Durchschnittsmenschen, dem eine spezielle geistige Entwicklung fehlt und von keinem Nutzen wäre. Wie erwartet, liegt die unterstützende Arbeit auf der Astral- und den niederen Mentalebenen hauptsächlich in den Händen der Meisterschüler. Dies sind Menschen, die sich, obwohl noch weit entfernt von der Stufe eines Adepten, bis zu einem Maße entwickelt haben, um bewusst auf den besagten Ebenen wirken zu können.

Einige von ihnen haben den nächsten Schritt vollzogen und die Verbindung zwischen dem physischen Bewusstsein und den höheren Ebenen hergestellt. Daher besitzen sie den Vorteil, sich im Wachzustand daran zu erinnern, was sie in jenen anderen Welten getan und gelernt haben. Viele andere, die nicht dazu in der Lage sind, vergeuden trotzdem die Stunden, in denen sie glauben zu schlafen, in keiner Weise, sondern wirken edelmütig und selbstlos für ihre Mitmenschen.

Bevor wir näher auf dieses Wirken eingehen, wollen wir einen diesbezüglich häufig erhobenen Einwand betrachten und die relativ seltenen Fälle ausschließen, in denen es sich bei der wirkenden Kraft entweder um Naturgeister oder um Menschen handelt, die ihren physischen Körper abgelegt haben.

Diejenigen, die das theosophische Konzept noch nicht vollständig begriffen haben, hegen oft Zweifel, ob sie jemandem, den Kummer und Sorgen quälen, helfen oder in sein Schicksal eingreifen dürfen, was sie mit dem Hinweis auf die Gerechtigkeit des ewigen Naturgesetzes erhärten: „Der Mensch befindet sich in seiner gegenwärtigen Lage, weil er es so verdient hat. Er arbeitet an den natürlichen Folgen irgendeines Übels, das er in der Vergangenheit verübt hat. Mit welchem Recht greife ich in das Wirken des erhabenen kosmischen Gesetzes ein, indem ich versuche, den Zustand eines solchen Menschen auf der Astral- oder der physischen Ebene zu verbessern?“

Nun, die guten Leute, die so reden, täuschen sich gewaltig, auch wenn es ihnen nicht bewusst sein mag. Sie gehen von zwei erstaunlichen Annahmen aus. Erstens, dass sie das Karma des anderen genau kennen und wissen, wie lange er dafür leiden muss. Zweitens, dass sie, die Eintagsfliegen, sich über das kosmische Gesetz hinwegsetzen und es mit irgendeinem Vorgehen ihrerseits daran hindern können, der erforderlichen Auswirkung des Karma Einhalt zu gebieten. Wir können versichert sein, dass die erhabenen „Hüter des Karma“ durchaus in der Lage sind, ihre Aufgabe ohne unsere Unterstützung zu erfüllen und wir nicht fürchten müssen, dass irgendwelche Schritte, die wir unternehmen, ihnen auch nur im Geringsten Schwierigkeiten oder Unbehagen bereiten.

Sollte das Karma eines Menschen es nicht zulassen, dass ihm geholfen wird, dann werden alle unsere wohlgemeinten Bemühungen in diese Richtung fehlschlagen, obgleich sie trotz allem für uns selbst gutes Karma bedeuten. Die karmische Situation eines Menschen geht uns nichts an. Unsere Aufgabe besteht darin, mit all unserer Kraft Beistand zu leisten. Für uns gilt nur die Tat. Das Ergebnis liegt in anderen oder höheren Händen. Was können wir über Soll und Haben eines anderen Menschen sagen? Vielleicht hat er gerade sein negatives Karma abgetragen und steht in diesem Augenblick an einem Punkt, an dem eine helfende Hand gebraucht wird, um ihm Erleichterung zu bringen und ihn aus seinem Kummer und seiner Niedergeschlagenheit herauszuziehen. Warum sollten wir nicht, wie jeder andere auch, die Freude und das Recht haben, diese gute Tat zu begehen? Falls wir ihm helfen *können*, beweist allein diese Tatsache, dass er den Beistand verdient hat; aber wir können es niemals wissen, ohne es versucht zu haben. Das karmische Gesetz wird sich in jedem Falle um sich selbst kümmern. Es sollte nicht unsere Sorge sein.

Es gibt nur wenige Fälle, in denen Naturgeister den Menschen helfen. Die Mehrzahl dieser Geschöpfe scheuen die Stätten des Menschen und ziehen sich früher zurück als er, da sie seine Ausstrahlung und seine ewige Betriebsamkeit und Unruhe, mit denen er sich umgibt, verabscheuen. Hinzu kommt, dass sie sich, abgesehen von einigen der höheren Ordnung, gewöhnlich zusammenhang- und gedankenlos verhalten. Sie gleichen eher glücklich spielenden Kindern unter ausgesprochen günstigen physischen Umständen als ernsthaften und verantwortungsbewussten Wesen. Dennoch geschieht es bisweilen, dass jemand sich an einen Menschen anschließt und ihm viel Gutes zuteil werden lässt. Aber auf seiner gegenwärtigen Entwicklungsstufe kann man im Hinblick auf das Wirken *unsichtbarer Helfer* in keiner Weise auf eine ständige Zusammenarbeit mit diesem Naturzweig bauen.

Manchmal stehen uns auch Verstorbene zur Seite, die noch auf der Astralebene weilen und in enger Beziehung zu irdischen Angelegenheiten stehen, wie (wahrscheinlich) jene Mutter, die ihre Kinder davor bewahrte, in den Brunnenschacht zu stürzen. Eine derartige Hilfe ist natürlich äußerst begrenzt. Je selbstloser und hilfreicher eine Person, desto unwahrscheinlicher wird sie nach ihrem Dahinscheiden vollbewusst auf den unteren Astralebenen zu finden sein, von denen aus die Erde leicht erreichbar ist. Ihr Aufenthalt in dieser Welt, aus der allein sie eingreifen könnte, wäre verhältnismäßig kurz, es sei denn, es handelte sich um einen ungewöhnlich schlechten Menschen. Obwohl sie aus den himmlischen Welten positiv auf ihre noch auf der Erde weilenden Lieben einwirken mag, wird es sich dabei eher um einen allgemeinen Segen handeln, weniger um eine Kraft, die imstande ist, in einem speziellen Fall eindeutige Ergebnisse zu erzielen.

Viele Verstorbene, die den Zurückgebliebenen helfen möchten, werden feststellen, dass es ihnen nicht möglich ist, sie in irgendeiner Weise zu beeinflussen. Von einer Ebene aus auf ein Wesen auf einer anderen Ebene einzuwirken, erfordert eine ungeheure Sensitivität des Empfängers oder ein gewisses Maß an Wissen und Können seitens des Einwirkenden. Obwohl Erscheinungen kurz nach dem Tod keineswegs ungewöhnlich sind, geschieht es selten, dass eine verstorbene Person etwas wirklich Sinnvolles unternimmt oder es ihr gelingt, dem Freund oder Verwandten, den sie aufsucht, ihre Wünsche zu übermitteln. Natürlich gibt es insgesamt gesehen eine Reihe solcher Fälle. Verglichen mit der großen Zahl von Geistern, denen es gelang, sich zu zeigen, sind sie kaum nennenswert. Die Toten bieten also wenig Unterstützung, im Gegenteil, sie benötigen vielmehr selbst Hilfe.

Gegenwärtig obliegt der größte Teil der diesbezüglichen Arbeit jenen lebenden Personen, die bewusst auf der Astralebene zu wirken verstehen.

Kapitel V

Die Realität der Geistigen Welt

Denjenigen, die ausschließlich an die übliche, recht materialistisch ausgerichtete Denkweise des 20. Jahrhunderts gewöhnt sind, fällt es schwer, an ein Bewusstsein außerhalb des physischen Körpers zu glauben und es anzuerkennen. Seinem Credo zufolge glaubt jeder Christ, dass er eine Seele besitzt. Erwähnt man hingegen die Möglichkeit, dass diese Seele so real ist, dass sie, getrennt vom Körper, unter gewissen Umständen während des Lebens oder nach dem Tod sichtbar werden kann, stehen die Chancen eins zu zehn, dass er spöttisch entgegnen wird, nicht an Geister zu glauben, da es sich bei einer solchen Vorstellung lediglich um ein unzeitgemäßes Überbleibsel eines plötzlich aufflammenden Aberglaubens handelt.

Wenn wir das Wirken der Schar *unsichtbarer Helfer* verstehen und vielleicht lernen wollen, sie zu unterstützen, müssen wir uns von den Fesseln der heutigen Denkweise in Bezug auf dieses Thema befreien und uns bemühen, die höhere Wahrheit (inzwischen für viele von uns eine bewiesene

Tatsache) zu erfassen, dass der Körper lediglich ein Werkzeug oder ein Gewand des wirklichen Menschen darstellt. Bei jedem Tod wird es abgelegt, desgleichen vorübergehend nachts, wenn wir einschlafen. In den Schlaf zu gleiten bedeutet, dass der wirkliche Mensch in seinem Astralkörper die physische Hülle verlässt.

Ich wiederhole, dabei handelt es sich weder um eine bloße Hypothese noch um einen naiven Aberglauben. Viele unter uns vollziehen tagtäglich diesen magischen Vorgang in vollem Bewusstsein und gleiten willentlich von einer Ebene auf die andere. Ihnen muss die gängige und unsinnige Behauptung, so etwas sei absolut unmöglich, lächerlich erscheinen. Es ist, als erzähle man einem Menschen, er schliefe niemals ein, und falls er das glaube, leide er unter Halluzinationen.

Jemand, der die Verbindung zwischen dem Astral- und dem Körperbewusstsein noch nicht entwickelt hat, kann seinen dichteren, physischen Körper nicht willentlich verlassen oder sich an das meiste dessen erinnern, was geschah, als er sich aus ihm entfernt hatte. Dennoch bleibt die Tatsache bestehen, dass er ihn jedes Mal, während er schläft, verlässt und vielleicht von einem Hellseher wahrgenommen wird, wenn er über seiner irdischen Hülle schwebt oder sich mehr oder weniger weit von ihr entfernt.

Eine völlig unentwickelte Person gleitet gewöhnlich dicht über ihrem physischen Körper, gestaltlos und kaum weniger schlafend als dieser. Sie lässt sich nicht aus der unmittelbaren Nähe ihrer körperlichen Hülle entfernen, ohne ihr ernsthaftes Unbehagen zu verursachen und sie zu wecken. Entwickelt sich der Mensch, nimmt sein Astralkörper Gestalt an, wird bewusster und zu einem besseren Werkzeug. Die Mehrzahl der intelligenten und gebildeten Menschen besitzt bereits einen beachtlichen Grad an Bewusstsein. Ein spirituell erwachter Mensch ist in seinem Astralkörper ebenso er selbst wie in seinem dichten, materiellen Träger. Obwohl er sich während des Schlafens auf der Astralebene bewusst und nach Wunsch frei zu bewegen vermag, folgt daraus nicht, dass er bereit ist, sich der Schar der Helfer anzuschließen. Die meisten Menschen sind auf astraler Stufe so gefangen in ihren eigenen Gedankengängen, die gewöhnlich aus dem Wachzustand übernommen werden, dass sie gedankenverloren nichts von ihrem Umfeld wahrnehmen. In mancher Hinsicht ist es gut so, denn auf der Astralebene gibt es viele Dinge, die jemanden niederschmettern und erschrecken könnten, wenn er nicht jenen Mut besitzt, der dem Wissen um die wahre Natur des Geschauten entspringt.

Manchmal erhebt sich ein Mensch allmählich über diesen Zustand und erwacht für die ihn umgebende Astralwelt. In den meisten Fällen jedoch verharrt er in einem Dämmerzustand, bis jemand, der auf dieser Ebene bereits tätig ist, ihn bei der Hand nimmt und aufweckt. Dies darf nicht leichtfertig geschehen. Ihn zu wecken, gestaltet sich verhältnismäßig einfach, ihn wieder einschlafen zu lassen, ist praktisch unmöglich, es sei denn mittels eines unerwünschten mesmerischen Einflusses. Bevor der Träumende geweckt wird, muss sichergestellt werden, dass es seine Veranlagung erlaubt, die zusätzlichen Kräfte, die ihm an die Hand gegeben werden, gut zu nutzen, und dass er über genügend Wissen und Mut verfügt, damit er keinen Schaden davonträgt.

Ein Erwachen versetzt den Menschen in die Lage, sich jenen anzuschließen, die der Menschheit helfen, falls er dies will, was nicht notwendigerweise oder sogar gewöhnlich die Kraft mit sich bringt, sich im Wachbewusstsein an seine Tätigkeit zu erinnern. Diese Fähigkeit muss der Einzelne selbst erwerben. In den meisten Fällen dauert es Jahre, vielleicht geschieht es nicht einmal im selben Leben. Glücklicherweise behindert das mangelnde Erinnerungsvermögen im Körper das Wirken außerhalb des Körpers in keiner Weise. Abgesehen von der Zufriedenheit, die sich im Wachbewusstsein einstellt, wenn man weiß, womit man sich während des Schlafens beschäftigt hat, ist es nicht von Bedeutung. Was wirklich zählt, ist die Tatsache, dass die Arbeit erledigt wird – und nicht die Erinnerung daran, wer sie verrichtete.

Kapitel VI

Rechtzeitiges Eingreifen

Die vielfältige Tätigkeit auf der Astralebene dient einem einzigen großen Ziel, der Förderung des Evolutionsprozesses, in welch bescheidenem Maße auch immer. Mitunter richtet sie sich auf die Entwicklung der niederen Reiche, um sie unter bestimmten Umständen leicht zu beschleunigen. Unsere führenden Adepten wissen um die Verpflichtung gegenüber diesen niederen Naturreichen der Elementar-, Tier- und Pflanzenwelt, da in manchen Fällen ihr Fortschritt nur in Verbindung mit dem Menschen stattfinden kann.

Der größte und wichtigste Teil der Tätigkeit bezieht sich in irgendeiner Form auf die Menschheit. Die breitgefächerte Unterstützung befasst sich hauptsächlich mit ihrer spirituellen Entwicklung. Interventionen auf physischer Ebene treten höchst selten auf. Obwohl ich meinen Wunsch bekräftigen möchte, die Möglichkeit mentaler und moralischer Hilfeleistung in Bezug auf unsere Mitmenschen wahrzunehmen, sollen zwei oder drei Beispiele Erwähnung finden, bei denen Freunde, die ich persönlich kenne, Hilfesuchenden physischen Beistand geleistet haben. Ihre Erfahrungen decken sich mit den Berichten jener, die diese übernatürliche Hilfe empfingen. In der Fachliteratur spricht man von „übernatürlichen Ereignissen".

Während eines Aufstandes wurde eines unserer Mitglieder mit einer Rettungsaktion betraut, was als Beispiel für ein helfendes Eingreifen auf physischer Ebene dienen mag. Ein Bauer und seine Familie, die sich in Sicherheit wähnten, schienen eines Nachts ruhig zu schlafen, ohne sich bewusst zu sein, dass nur wenige Kilometer entfernt erbarmungslose Horden grausamer Feinde im Hinterhalt lagen und einen teuflischen Mord- und Raubüberfall planten. Die Aufgabe unseres Mitglieds bestand darin, die schlafende Familie in irgendeiner Weise auf die drohende Gefahr aufmerksam zu machen, was sich keineswegs einfach gestaltete.

Der Versuch, auf das Gehirn des Bauern Einfluss zu nehmen, um ihm die Gefahr, in der die Familie schwebte, nahezubringen, scheiterte kläglich. Da die Zeit drängte, beschloss unsere Freundin, sich ausreichend zu materialisieren, um die Hausfrau wachzurütteln und zu beschwören, aufzustehen und sich umzuschauen. Als sie erkannte, dass es ihr gelungen war, Aufmerksamkeit zu gewinnen, verschwand sie. Die Bauersfrau hat bis heute nicht herausgefunden, *welche* ihrer Nachbarinnen sie im richtigen Augenblick geweckt und somit das Leben der gesamten Familie gerettet hat, die ohne dieses mysteriöse Eingreifen zweifellos eine halbe Stunde später in ihren Betten niedergemetzelt worden wäre. Bis heute begreift sie nicht, wie diese Freundin es fertigbrachte, in das Haus zu gelangen, obwohl alle Türen und Fenster fest verriegelt waren.

Da sie so jäh aufwachte, nahm die Hausfrau zunächst an, bei der Warnung handelte sich nur um einen Traum. Zum Glück stand sie auf und blickte sich um. Es fehlte nichts. Als sie einen Fensterladen öffnete, sah sie den roten Schein einer fernen Feuersbrunst am Himmel. Sofort weckte sie ihren Mann und die übrige Familie. Dank der rechtzeitigen Warnung konnten sie zu einem in der Nähe gelegenen Versteck fliehen, ehe die brutale Horde einfiel, das Haus zerstörte und die Felder verwüstete, ihre Menschenbeute aber nicht vorfand. Man kann sich die Gefühle der Retterin vorstellen, als sie einige Tage später in der Zeitung einen Bericht über die schicksalhafte Rettung dieser Familie las.

Kapitel VII

Die „Engel"- Geschichte

Ein anderer Fall von Intervention auf physischer Ebene, bei dem ein einzelnes Leben gerettet wurde, ereignete sich erst kürzlich. Diese Geschichte bedarf einiger einleitender Worte. Zwei unserer Helfer hier in Europa lebten vor langer Zeit als Brüder im alten Ägypten und sind einander immer noch sehr zugetan. In der gegenwärtigen Inkarnation besteht ein großer Altersunterschied zwischen ihnen. Der eine befindet sich im fortgeschrittenen Lebensalter, während der andere, physisch gesehen, fast noch ein Kind ist, aber mit einem beachtlich entwickelten und vielversprechenden Ego. Es obliegt natürlich dem Älteren, den Jüngeren in der esoterischen Arbeit, der sich beide vollkommen hingeben, auszubilden und zu führen. Da sie vollbewusst auf der Astralebene tätig sind, verbringen sie die meiste Zeit, in der ihr physischer Körper schläft, damit, unter Leitung ihres gemeinsamen Meisters ihrer Kraft entsprechend zu wirken und Lebenden wie Verstorbenen ihre Hilfe zu gewähren.

Ich werde besagten Vorfall aus einem Brief zitieren, den der ältere der beiden Helfer unmittelbar danach schrieb, da die darin enthaltene Beschreibung lebendiger und anschaulicher ist als jede Beschreibung eines Dritten.

„Wir beschäftigten uns gerade mit anderen Dingen, als Cyril plötzlich rief: „Was ist das?“ Wir hörten einen entsetzlichen Schmerz- oder Angstschrei. Wir waren augenblicklich zur Stelle und entdeckten, dass ein elf- oder zwölfjähriger Junge von einem Kliff auf einen unterhalb gelegenen Felsen gestürzt war und sich arg verletzt hatte. Der arme Kerl hatte sich ein Bein und einen Arm gebrochen. Das Schlimmste aber war ein Riss im Oberschenkel, aus dem Blut schoss. Cyril rief: „Wir müssen ihm schnell helfen, sonst wird er sterben!“

Bei solchen Notfällen muss man rasch reagieren. Es gab eindeutig zwei Dinge, die getan werden mussten: Die Blutung stillen und physische Hilfe besorgen. Ich sah mich gezwungen, entweder Cyril oder mich selbst zu materialisieren, da wir dringend physische Hände benötigten, um einen Verband anzulegen. Außerdem war es wohl besser, wenn der arme Junge jemanden *sah*, der in seiner Not neben ihm stand. Ich konnte ihm wahrscheinlich schneller helfen, aber mit Cyril fühlte er sich zweifellos wohler als mit mir. Die Arbeitsteilung lag auf der Hand.

Der Plan wirkte großartig. Ich materialisierte Cyril (er kann es noch nicht alleine) und wies ihn an, das Halstuch des Jungen um den Schenkel zu wickeln und einen Stock hindurch zu drehen. „Wird es ihm nicht schrecklich wehtun?“, meinte Cyril, befolgte aber meine Anweisung. Das Blut hörte auf zu fließen. Der verletzte Junge schien halb bewusstlos zu sein und vermochte kaum zu sprechen. Er schaute zu der leuchtenden kleinen Gestalt auf, die sich besorgt über ihn beugte, und fragte: „Seid ihr ein Engel, Herr?“ Cyril lächelte und entgegnete: „Nein, ich bin nur ein Junge, aber ich bin gekommen, um dir zu helfen.“ Dann ließ ich ihn zurück, um den Leidenden zu trösten, und eilte zu seiner Mutter, die etwa einen Kilometer entfernt wohnte.

Man kann sich nicht vorstellen, welche Mühe es mich kostete, die Überzeugung in den Kopf der Frau zu pressen, dass etwas nicht stimmte und sie dem nachgehen musste. Schließlich warf sie den Topf hin, den sie gerade säuberte, und sagte laut: „Ich weiß nicht, was über mich gekommen ist, aber ich sollte nach dem Jungen sehen.“ Nun vermochte ich sie ohne Schwierigkeit zu führen, während ich die ganze Zeit über Cyril mittels meiner Willenskraft manifestiert hielt, damit der Engel des armen Kindes nicht plötzlich vor seinen Augen verschwand.

Wenn man eine Form materialisiert, führt man die Materie aus ihrem natürlichen Zustand in einen anderen und widersetzt sich vorübergehend sozusagen dem kosmischen Willen. Lässt die Konzentration auch nur für eine halbe Sekunde lang nach, schießt das Gebilde blitzartig in seinen ursprünglichen Zustand zurück. Aus diesem Grund vermochte ich der Frau nur meine halbe Aufmerksamkeit zu schenken, konnte sie aber irgendwie zu der Stelle führen. Sobald sie um die Ecke des Kliffs bog, ließ ich Cyril verschwinden. Aber sie hatte ihn noch gesehen. Nun besitzt das Dorf eine Geschichte himmlischer Intervention, die einzigartig bestätigt wurde!

Das Unglück ereignete sich am frühen Morgen. Am Abend schaute ich (aus der Astralebene) nach der Familie, um zu sehen, wie es um sie stand. Blass und schwach lag der Junge im Bett. Sein Arm und sein Bein waren geschient und der Riss verbunden. Aber allem Anschein nach würde er sich mit der Zeit erholen. Die Mutter hatte einige Nachbarn hereingeholt und erzählte ihnen, was geschehen war, eine seltsame Geschichte, wenn man die Fakten kennt.

Wortreich erklärte sie, dass irgendetwas über sie gekommen sei und sie das Gefühl beschlichen hatte, dass etwas passiert war. Sie *musste* nach draußen gehen und nach dem Kind schauen. Zunächst hatte sie gedacht, es sei unsinnig und versucht, sich dieses Gefühls zu erwehren. Es half nichts. Sie musste einfach gehen. Sie erzählte, dass sie sich nicht erklären konnte, warum sie um jenes Kliff bog und nicht einen anderen Weg nahm. Es geschah einfach. Und dann sah sie den Jungen dort unten liegen, den Kopf gegen den Felsen gelehnt. Neben ihm kniete das schönste Kind, das sie jemals gesehen hatte, ganz in leuchtendes Weiß gekleidet, mit rosigen Wangen und wunderschönen braunen Augen. Es schenkte ihr ein „himmlisches" Lächeln und war dann augenblicklich verschwunden. Zunächst war sie derartig verblüfft, dass sie nicht wusste, was sie denken sollte. Mit einem Male wusste sie, was es war. Sie fiel auf die Knie und dankte Gott, dass er einen seiner Engel geschickt hatte, um ihrem armen Jungen zu helfen.

Als sie ihn aufhob, um ihn nach Hause zu tragen, versuchte sie, das Tuch abnehmen, da es in sein Bein schnitt, aber er wollte es nicht zulassen, weil der Engel es umgebunden und ihn angewiesen hatte, es nicht zu berühren. Als sie dies später dem Arzt berichtete, erklärte dieser ihr, dass der Junge mit Sicherheit gestorben wäre, hätte sie das Tuch tatsächlich gelöst.

Dann wiederholte sie, was der Junge berichtet hatte. Nach seinem Sturz war der wunderschöne kleine Engel zu ihm gekommen. Er wusste, es *war* ein Engel, denn als er auf dem Kliff stand, war weit und breit kein Mensch gewesen. Er verstand nur nicht, warum er keine Flügel besaß und behauptete, nur ein Junge zu sein. Er hatte ihn aufgehoben, gegen den Felsen gelehnt, sein Bein verbunden und zu reden begonnen, dass er sich nicht fürchten solle, weil jemand seine Mutter hole, die bald kommen werde. Er hatte ihn geküsst und versucht, es ihm bequem zu machen, während seine sanfte, warme kleine Hand die seine hielt. Die ganze Zeit über hatte er ihm seltsame, aber wunderschöne Geschichten erzählt, an die er sich nicht mehr genau zu erinnern vermochte. Aber er wusste, sie waren gut, denn er hatte seine Verletzungen fast vergessen. Der Engel hatte ihm versichert, bald wieder gesund zu werden, gelächelt und seine Hand gedrückt, und dann war er irgendwie gegangen.

Nach diesem Vorfall hat dieses Dorf eine religiöse Belebung erfahren. Der Geistliche erklärte den Bewohnern, dass ein solches Eingreifen der göttlichen Vorsehung als Zeichen zu verstehen sei, die Spötter zurechtzuweisen und die Wahrheit der heiligen Schrift und der christlichen Religion zu bestätigen. Niemand schien die ungeheure Selbstgefälligkeit einer solch verblüffenden Aussage zu erkennen.

Auf den Jungen hat sich das Ereignis zweifellos positiv ausgewirkt, moralisch wie physisch. Allen Berichten zufolge muss es sich um einen rücksichtslosen Lausebengel gehandelt haben. Nun denkt er, „sein Engel“ könnte ihm jederzeit nahe sein. Er will nicht mehr grob und ärgerlich reden oder handeln, aus Furcht, er könnte es sehen oder hören. Sein einziger Wunsch im Leben ist es, ihn wiederzusehen. Er weiß, wenn er stirbt, wird er als Erstes sein liebliches Gesicht sehen, das ihn auf der anderen Seite begrüßt."

Wirklich eine wunderschöne und anrührende kleine Geschichte. Die von dem Dorf und seinem Geistlichen aus diesem Ereignis gezogene Moral ist vielleicht eher ein Trugschluss. Andererseits wirkt sich der Beweis, dass es jenseits der materiellen Ebene noch etwas anderes gibt, auf die Leute eher positiv aus, als dass es ihnen schadet. Die Schlussfolgerung, die die Mutter aus dem Gesehenen zog, war völlig korrekt, obwohl sie diese bei genauerer Kenntnis wahrscheinlich ein wenig unterschiedlich zum Ausdruck gebracht hätte.

Der Verfasser des Briefes fand später heraus, dass sich die beiden Jungen vor Tausenden von Jahren bereits begegnet waren. Der vom Kliff gestürzte Junge war der Sklave des anderen gewesen. Unter Einsatz seines eigenen Lebens hatte er das Leben seines jungen Herrn gerettet, was ihm seine Befreiung einbrachte. Und nun, lange danach, bezahlte der Herr nicht nur seine Schuld, sondern vermittelte seinem früheren Sklaven ein hohes Ideal und einen Ansporn zur Lebensmoral, was mit größter Wahrscheinlichkeit dessen weiteren Evolutionsweg verändern wird. Jede gute Tat findet ihren karmischen Lohn, so sehr er sich auch verzögern mag.

Gottes Mühlen mahlen langsam, aber stetig.

Kapitel VIII

Die Geschichte eines Feuers

Eines Nachts gingen Cyril und sein älterer Freund ihrer üblichen Arbeit nach, als sie unter sich den grellen Schein eines Feuers bemerkten. Sofort stürzten sie hinunter, um zu sehen, ob sie sich nützlich machen konnten.

Ein Hotelkomplex am Ende eines großen Sees stand in Flammen. Das mehrstöckige Haus umgab an drei Seiten eine Art quadratischer Garten, in dem Bäume und Blumen wuchsen. Der See bildete die vierte Seite. Die beiden Seitenflügel verliefen direkt bis zum See. Ihre großen Erkerfenster ragten fast über das Wasser hinaus, so dass unter ihnen auf beiden Seiten nur ein schmaler Durchgang blieb.

Auf der Innenseite der Vorderfront und der Seitenflügel lagen Schächte, in denen sich auch die Gitterschäfte der Lifte befanden. Nach seinem Ausbruch breitete sich das Feuer mit unglaublicher Geschwindigkeit aus. Ehe unsere Freunde es auf ihrer Astralreise wahrnahmen, standen die Mittelflure der drei Häuserblocks bereits in Flammen. Bis auf einen kleinen Jungen waren alle Gäste gerettet worden, obwohl einige von ihnen schwere Verbrennungen und andere Verletzungen davongetragen hatten.

Man hatte den kleinen Kerl in einem der oberen Räume des linken Seitenflügels vergessen. Seine Eltern befanden sich auf einem Ball und wussten nichts von dem Feuer, das den mittleren Bereich dieses Flügels bereits so stark erfasst hatte, dass man nichts mehr machen konnte, selbst wenn sich jemand an ihn erinnert hätte. Sein Zimmer lag zum inneren Garten hin. Er war von jeglicher äußerer Hilfe abgeschnitten, sich der Gefahr aber nicht einmal bewusst. Der dichte, erstickende Rauch hatte das Zimmer allmählich gefüllt, so dass sein Schlaf tiefer und tiefer wurde, bis er völlig benommen war.

In diesem Zustand fand ihn Cyril, der sich besonders von Kindern in Not oder Gefahr angezogen zu fühlen scheint. Zunächst bemühte er sich darum, dass einige Leute sich an den Jungen erinnerten, aber vergebens. Es wäre ohnehin kaum möglich gewesen, dass sie ihm hätten helfen können. Es war also reine Zeitverschwendung. Daraufhin materialisierte der ältere Freund Cyril im Zimmer und veranlasste ihn, das benommene Kind zu wecken. Nach anfänglichen Schwierigkeiten gelang dies halbwegs. Aber der Junge blieb in einem benommenen, halbbewussten Zustand, so dass er bei jedem Schritt gestoßen, gezogen, geführt und unterstützt werden musste.

Die beiden krochen zunächst aus dem Zimmer in den Hauptflur, der sich durch den Seitenflügel zog. Als der Rauch und die Flammen begannen, durch den Fußboden zu dringen, was ihn für einen physischen Körper unpassierbar machte, brachte Cyril den Jungen in das Zimmer zurück und durch das Fenster auf einen etwa dreißig Zentimeter breiten

Steinsims, der unterhalb der Fenster verlief. Halb auf der äußeren Kante des Vorsprungs balancierend, halb in der Luft gleitend, gelang es ihm, das Kind entlang zu führen, wobei er darauf achtete, sich an der Außenseite zu bewegen, um seinen Schützling davor zu bewahren, schwindelig zu werden oder sich zu fürchten, er könne abstürzen.

Da in dem Hausbereich, der dem See am nächsten stand, sich das Feuer weniger stark ausgebreitet zu haben schien, kletterten sie durch ein offenes Fenster hinein, erreichten den Hauptflur und hofften, eine passierbare Treppe vorzufinden. Aber auch hier gab es nur Flammen und Rauch. Sie krochen zurück. Cyril wies den Jungen an, den Mund geschlossen nach unten zu halten, bis sie das vergitterte Gehäuse erreichten, in dem der Lift abwärts ins Zentrum des Gebäudes führte. Der Fahrstuhl stand unten. Es gelang ihnen, das Gitterwerk hinunterzuklettern, bis sie auf dem Fahrstuhldach standen. Sie steckten fest. Glücklicherweise entdeckte Cyril eine Türöffnung, die zu einer Art unmittelbar über dem Erdgeschoss gelegenen Zwischenstock führte. Sie erreichten einen Durchgang und überquerten ihn. Der kleine Junge war fast erstickt. Sie durchquerten einen der gegenüberliegenden Räume und kletterten schließlich aus dem Fenster auf das Dach der Veranda, die zwischen dem Gebäude und dem Garten entlanglief. Aber selbst hier war die Hitze unerträglich, und es bestand die Gefahr, dass die Wände einstürzten. Cyril versuchte, seinen Schützling zuerst um den einen und dann um den anderen Seitenflügel zu führen, aber in beiden waren die Flammen durchgebrochen. Die engen überhängenden Durchgänge waren kaum passierbar. Schließlich retteten sie sich in eines der Boote, die an den Stufen einer Art Kai, der am Ende des Gartens in den See führte, vertäut waren. Cyril löste das Boot und ruderte hinaus.

Er wollte das brennende Gebäude umrunden und den Jungen an Land bringen. Aber nach einer kurzen Strecke stießen sie auf einen vorüberfahrenden Dampfer und wurden im taghellen Feuerschein gesehen. Das Schiff fuhr längsseits, um sie aufzunehmen. Die Mannschaft fand nur einen der beiden Jungen. Der ältere Freund hatte Cyril augenblicklich in seinen Astralkörper zurückschlüpfen lassen. Die dichtere Materie löste sich auf, was ihn unsichtbar machte.

Trotz sorgfältiger Suche konnte der zweite Junge natürlich nicht gefunden werden, weshalb man annahm, dass er in dem Moment, als man sich dem Boot näherte, über Bord gefallen sein musste. Das gerettete Kind fiel an Bord in eine tiefe Ohnmacht. Als es sich erholt hatte, konnte es nur berichten, dass es den anderen Jungen sah, kurz bevor der Dampfer kam. Dann wusste es nichts mehr. Das Schiff musste ein zwei Tagereisen entferntes Ziel ansteuern. Es verging ungefähr eine Woche, ehe der gerettete Junge seinen Eltern übergeben werden konnte. Sie glaubten, er sei in den Flammen umgekommen, denn trotz aller Bemühungen gelang es nicht, dahingehend auf sie einzuwirken, ihnen die Tatsache nahezubringen, dass ihr Sohn lebte. Man kann sich ihre Freude über das Wiedersehen lebhaft vorstellen.

Dem Jungen geht es gut. Er ist glücklich und wird nicht müde, von seinem Abenteuer zu erzählen. Viele Male hat er bedauert, dass dieser Freund in dem Moment, in dem die Gefahr vorüber zu sein schien, auf mysteriöse Weise verschwand. Er äußerte sogar die Vermutung, dass er vielleicht nicht umgekommen, sondern möglicherweise ein Elfenprinz war. Diese Vorstellung entlockte den Eltern natürlich nur ein tolerantes Lächeln der Überlegenheit. Die karmische Verknüpfung zwischen ihm und seinem Retter wurde bislang noch nicht aufgespürt, aber zweifellos wird es sie irgendwo geben.

Kapitel IX

Materialisation

Bei einer Geschichte wie dieser wird häufig die Frage nach der Sicherheit des *unsichtbaren Helfers* gestellt, der sich inmitten tödlicher Gefahr bewegt. Befand sich der Junge, der materialisiert wurde, um einen anderen Jungen aus einem brennenden Haus zu retten, nicht selbst in Gefahr? Hätte sein physischer Körper aufgrund von Rückwirkung Schaden erleiden können, wäre seine materialisierte Form durch die Flammen gegangen oder von dem hohen Steinsims gestürzt? Da wir wissen, dass in zahlreichen Fällen die Verbindung zwischen der materialisierten Form und dem physischen Körper eng genug ist, um eine Rückwirkung herbeizuführen, hätte dies nicht auch in diesem Fall geschehen können?

Bei dem Thema handelt es sich um eine komplizierte und schwierige Angelegenheit, und wir sehen uns noch nicht in der Lage, dieses äußerst bemerkenswerte Phänomen ausreichend erklären zu können. Zum besseren Verständnis der Materie wäre es wahrscheinlich vonnöten, die Gesetze der Sympathie-Schwingung auf mehreren Ebenen zu begreifen. Andererseits kennen wir aufgrund von Beobachtungen einige Voraussetzungen für ihr Auftreten und solche, die sie definitiv ausschließen. Ich glaube, es ist durchaus berechtigt zu behaupten, dass sie in diesem Fall völlig unmöglich war.

Jeder, der über ausreichend spiritistische Erfahrungen verfügt, weiß, dass es mindestens drei klar definierte Möglichkeiten der Materialisation gibt. An dieser Stelle möchte ich nicht näher auf die jeweilige Entstehung eingehen, sondern lediglich auf die unzweifelhafte Tatsache ihrer Existenz hinweisen.

1. Es gibt eine Materialisation, die, obwohl fühlbar, dem physischen Auge unsichtbar bleibt. Dazu gehören die unsichtbaren Hände bei einer Séance, die den Arm eines Anwesenden berühren oder sein Gesicht streicheln, Gegenstände durch die Luft tragen oder Klopfzeichen geben, wobei sich die beiden letzten Phänomene auch ohne materialisierte Hände herbeiführen lassen.

2. Es gibt eine Materialisation, die, obwohl sichtbar, nicht fühlbar ist. Dabei handelt es sich um die Geistform, durch die die Hand wie durch die Luft zu gleiten vermag. In manchen Fällen gleicht sie einem dunstigen, nicht greifbaren Gebilde, während sie in anderen Fällen völlig normal erscheint und jeden Zweifel an ihre Körperlichkeit ausschließt, bis jemand sie zu ergreifen versucht.

3. Eine perfekte Materialisation ist sowohl sichtbar als auch greifbar. Sie mag dem äußeren Erscheinungsbild des verstorbenen Freundes gleichen, der dich mit dem dir vertrauten Händedruck begrüßt.

Trotz der Beweise, dass eine Rückwirkung unter bestimmten Voraussetzungen eintreten kann, lässt es sich nicht eindeutig feststellen, ob sie unter die erste oder die zweite Kategorie fällt. Bei dem Helfer, der den Jungen rettete, kommt die dritte Version wohl nicht infrage, da stets sorgfältig darauf geachtet wird, keine unnötige Kraft aufzuwenden, um das erforderliche Ziel zu erreichen. Es leuchtet ein, dass ein Hervorbringen von Teilbereichen, die unter die Kategorien eins und zwei fallen, weniger Energie verbraucht. Wahrscheinlich war im Falle des Helfers, der dem Jungen beistand, nur der Arm, der seinen kleinen Schützling hielt, um ihn zu berühren, körperlicher Natur, während der übrige Körper, der völlig natürlich aussah, nicht greifbar gewesen wäre, hätte man es überprüft.

Abgesehen von dieser Wahrscheinlichkeit, muss ein anderer Aspekt beachtet werden. Zum Zweck einer vollständigen Materialisation, ungeachtet dessen, ob es sich um eine lebende oder um eine verstorbene Person handelt, muss physische Materie zusammengetragen werden. Bei einer spiritistischen *Séance* wird sie weitgehend aus dem Ätherkörper des Mediums gezogen, bisweilen sogar aus seinem physischen Körper. Man hat von Fällen berichtet, in denen sich das Gewicht des Mediums bei Materialisationen dieser Art auffallend verringert hat.

Diese Methode wird von den führenden Wesen einer *Séance* angewendet, weil es der einfachste Weg ist, um eine Materialisation herbeizuführen. Auf diese Weise entsteht eine äußerst enge Verbindung zwischen dem Medium und dem materialisierten Körper, so dass das Phänomen der sogenannten

Reperkussion (Rückwirkung) in ihrer reinsten Form auftritt. Reibt man die Hände des materialisierten Körpers mit Kreide ein, wird man diese später auf den Händen des Mediums finden, selbst wenn es sich die ganze Zeit über in einem sorgfältig verschlossenen Zimmer aufhielt, um den Verdacht eines Betruges auszuschließen. Jede der materialisierten Form zugefügte Verletzung wird sich haargenau auf der entsprechenden Körperstelle des Mediums wiederfinden. Selbst Nahrung, die die Geistform zu sich nahm, gelangte in den Körper des Mediums, was zumindest in einem Fall geschah, den ich selbst beobachtete.

Anders verhielt es sich mit Cyril. Er befand sich Tausende von Kilometern von seinem schlafenden physischen Körper entfernt, was es für seinen Freund unmöglich machte, ihm Äthermaterie zu entziehen. Die Vorschriften, nach denen alle Schüler der erhabenen Meister der Weisheit arbeiten, um den Menschen zu helfen, hätten ihn, selbst für den edelsten Zweck, mit Sicherheit daran gehindert, den Körper eines anderen derartig zu belasten. Außerdem wäre es unnötig gewesen, denn die gefahrlosere Methode liegt auf der Hand, nämlich die mengenmäßig erforderliche Kondensation des umliegenden Äthers oder sogar der physischen Luft. Diese Leistung, die zweifellos die Kraft des durchschnittlichen Elementals, das sich bei einer *Séance* manifestiert, übersteigt, bereitet einem Schüler der okkulten Chemie keine Schwierigkeit.

Man achte auf das unterschiedliche Ergebnis. Im Falle des Mediums handelt es sich um eine materialisierte Form, die in engster Verbindung zu dem physischen Körper steht und aus seinem Stoff entstand und daher alle Phänomene einer Reperkussion hervorzubringen vermag. Im Falle des Helfers liegt tatsächlich eine exakte Reproduktion des physischen Körpers vor, die aber aufgrund einer mentalen Anstrengung aus einer diesem Körper völlig fremden Materie entstand und durch Rückwirkung ebenso wenig auf ihn zu reagieren vermochte wie eine Marmorstatue dieser Person dazu in der Lage gewesen wäre.

Aus diesem Grund flößte dem Helfer des Jungen ein Gang durch die Flammen oder ein Sturz von dem hohen Steinsims keinen Schrecken ein. Desgleichen zeigt ein anderer Fall, bei dem ein Mitglied der Gruppe trotz Materialisation und ohne Unannehmlichkeiten für den Körper mit einem sinkenden Schiff untergehen konnte.

In den beiden Fällen, die Cyril betreffen, sei darauf hingewiesen, dass er sich nicht selbst zu materialisieren vermochte, sondern dazu auf seinen älteren Freund angewiesen war. Eine Erfahrung verdient allerdings noch der Erwähnung, da sie zeigt, dass er aufgrund tiefen Mitgefühls und großer Willenskraft in der Lage war, sichtbar zu werden. Dieser Vorfall findet in gewisser Weise eine Parallele zu jener Mutter, deren Liebe es ihr ermöglichte, sich zu manifestieren, um das Leben ihrer Kinder zu retten.

Obwohl es unerklärbar zu sein scheint, gibt es keinen Zweifel an der Existenz dieser ungeheuren Willensmacht über die Materie aller Ebenen. Ist diese Kraft groß genug, kann durch ihren unmittelbaren Einfluss *jedes* Ergebnis herbeigeführt werden, ohne dass die sie ausübende Person darum weiß oder sogar daran denkt, *wie* sie wirkt. Es gibt eine

Fülle von Beweisen, dass sich diese Kraft im Falle der Materialisation bewährt, obgleich es sich dabei um eine Kunst handelt, die erlernt werden muss wie jede andere. Ein Durchschnittsmensch auf der Astralebene ist sicherlich ebenso wenig in der Lage, sich zu manifestieren, ohne es zuvor gelernt zu haben, wie ein anderer ohne Vorkenntnisse Geige zu spielen versteht. Aber es gibt Ausnahmen, wie der folgende Bericht zeigt.

Kapitel X

Die beiden Brüder

Die folgende Geschichte stammt aus einer Feder mit großem dramatischen Darstellungsvermögen und kann in allen Einzelheiten in *The Theosophical Review* vom November 1897 nachgelesen werden. An dieser Stelle möchte ich mich auf eine Zusammenfassung beschränken. Die Namen sind frei erfunden, aber die Ereignisse gewissenhaft wiedergegeben.

Es handelt sich um zwei Brüder, die Söhne eines Landedelmanns. Der vierzehnjährige Lancelot und der elfjährige Walter waren anständige Jungen, die sich guter Gesundheit erfreuten, wie Hunderte von anderen in diesem schönen Land. Abgesehen davon, dass keltisches Blut in ihren Adern floss, gab es keinerlei Anzeichen für übersinnliche Begabungen. Auffallend war ihre innige Zuneigung zueinander. Sie waren unzertrennlich. Keiner ging ohne den anderen irgendwohin. Der jüngere vergötterte den älteren, wie es bei jüngeren Brüdern oft der Fall ist.

Eines Tages stürzte Lancelot von seinem Pony und fand den Tod. Für Walter brach eine Welt zusammen. Er litt unsagbar und konnte weder essen noch schlafen. Seine Mutter und das Kindermädchen wussten sich nicht mehr zu helfen. Für ihre Überredungskünste und ihren Tadel schien er taub zu sein. Auf ihre Vorhaltungen, dass Kummer gottlos und sein Bruder doch im Himmel sei, erwiderte er nur, dass sie dessen nicht sicher sein könnten, aber falls dies zuträfe, Lancelot ohne ihn im Himmel nicht glücklicher sein konnte als er ohne Lancelot auf der Erde.

So unglaublich es klingen mag, aber das arme Kind schien vor Kummer zu sterben. Das Erschütternde an seiner Lage war die Tatsache, dass es die Nähe seines Bruders nicht spürte, der sich des seelischen Schmerzes vollkommen bewusst war. Es quälte ihn, dass seine wiederholten Versuche, den trauernden Bruder zu berühren und mit ihm zu reden, stets scheiterten.

Am dritten Abend nach dem Unfall wurde Cyril auf die beiden Brüder und ihre bemitleidenswerte Situation aufmerksam. Er wusste nicht mehr genau wie. „Ich kam gerade vorbei“, meinte er. Mit Sicherheit führten ihn die „Engel des Mitgefühls“ zu dieser Szene. Der arme Walter lag schlaflos und erschöpft in seinem Bett, alleingelassen in seiner Trostlosigkeit, wie er glaubte, obwohl sein bekümmerter Bruder nicht von seiner Seite wich. Von den Fesseln seiner Körperlichkeit befreit, konnte er Cyril sehen und hören, der seinen Schmerz als Freund linderte und ihm half, mit seinem Bruder Kontakt aufzunehmen.

Sobald er den Geist des toten Jungen hoffnungsvoll gestimmt hatte, wandte sich Cyril dem lebenden Jungen zu und bemühte sich mit all seiner Kraft, auf sein Gehirn einzuwirken und ihm bewusst zu machen, dass der Bruder neben ihm stand, nicht tot, sondern lebendig und liebevoll wie früher. Es gelang ihm nicht. Die dumpfe Apathie des Kummers erfüllten Walters Geist. Von außen vermochte nichts einzudringen. Cyril war ratlos. Der traurige Anblick bewegte ihn zutiefst. Seine starke Sympathie und der feste Entschluss, ungeachtet seiner eigenen Kräfte in irgendeiner Weise zu helfen, ermöglichten es ihm (bis heute weiß er nicht wie), das untröstliche Kind zu berühren und mit ihm zu reden.

Walters Fragen nach seiner Person und wie er dorthin gekommen sei beiseite schiebend, kam er direkt auf den Punkt. Er erzählte ihm, dass der Bruder neben ihm stand und sich bemühte, ihn davon zu überzeugen, dass er nicht tot, sondern lebendig sei und sich danach sehnte, ihm zu helfen und ihn zu trösten. Der kleine Walter wollte es so gerne glauben, wagte es aber kaum zu hoffen. Cyrils beharrliche Beteuerungen räumten seine Zweifel schließlich aus, und der Junge meinte:

„Ich glaube dir, denn du bist so freundlich. Wenn ich ihn doch nur sehen könnte, dann wüsste ich es, dann wäre ich mir sicher. Könnte ich seine Stimme hören, die mir sagte, dass er glücklich ist, ließe ich ihn wieder ziehen."

Obwohl ein Neuling in dieser Arbeit, wusste Cyril genug, um zu erkennen, dass sich Walters Wunsch normalerweise nicht erfüllen konnte. Bedauernd begann er, ihm dies klarzumachen, als er plötzlich die Gegenwart einer Wesenheit spürte, die alle Helfer kennen. Es wurde kein Wort gesprochen. Dennoch wusste er mit einem Mal, dass er Walter die Erfüllung seines Herzenswunsches versprechen durfte. „Warte, bis ich zurückkomme“, meinte er, „und du wirst ihn sehen.“ Dann verschwand er.

Die Berührung des Meisters hatte ihm gezeigt, was zu tun war und wie er vorgehen musste. Er eilte, um seinen Freund zu holen, der ihm viele Male zuvor geholfen hatte. Der alte Mann war in jener Nacht noch nicht zu Bett gegangen. Als er Cyrils hastige Aufforderung vernahm, verlor er keine Zeit, ihn zu begleiten. Innerhalb weniger Minuten standen sie an Walters Bett. Der Junge begann zu glauben, alles sei nur ein Traum gewesen. Seine Freude und Erleichterung beim Anblick Cyrils waren bewegend anzusehen. Noch ergreifender gestaltete sich die Szene einen Moment später, als der ältere Mann auf Anweisung des Meisters den ungeduldigen Lancelot manifestierte, und der Lebende und der Tote sich wieder bei der Hand nahmen.

Für beide Brüder hatte sich die Trauer in unaussprechliche Freude verwandelt. Sie versicherten einander immer wieder, dass sie von nun an niemals mehr traurig sein würden, da der Tod keine Macht besaß, sie voneinander zu trennen. Es dämpfte ihre Freude nicht, als Cyril auf den Vorschlag seines älteren Freundes hin ihnen behutsam erklärte, dass diese seltsame physische Wiedervereinigung keine Wiederholung finden könne. Lancelot werde den ganzen Tag bei Walter bleiben, auch wenn dieser ihn nicht sehen könne. In der Nacht werde Walter aus seinem Körper schlüpfen, um sich bewusst mit seinem Bruder zu treffen.

Bei diesen Worten sank Walter erschöpft in einen tiefen Schlaf- und fand das Versprechen bestätigt. Es erstaunte ihn, mit welch ungeahnter Schnelligkeit er und sein Bruder von einem alten Familiensitz zum anderen fliegen konnten. Vorsichtig machte Cyril ihn darauf aufmerksam, dass er wahrscheinlich den größten Teil seines freieren Lebens beim Erwachen vergessen werde. Aber es war ihm das seltene Glück beschieden, nicht zu vergessen. Vielleicht hatte der Schock der übergroßen Freude die latente übersinnliche Fähigkeit geweckt, die im keltischen Blut liegt. Er vergaß kein einziges Detail von dem, was sich ereignet hatte. Am nächsten Morgen überraschte er das trauernde Haus mit einer wundersamen Geschichte.

Die Eltern glaubten, der Kummer habe seinen Geist verwirrt. Da es nun an ihm war, das Erbe anzutreten, beobachteten sie ihn lange Zeit ängstlich, ob sich weitere Symptome einer Geisteskrankheit einstellten, was nicht geschah. Sie halten ihn immer noch für einen Monomanen in jenem Punkt, obwohl sie klar erkennen, dass seine „Wahnvorstellung" ihm das Leben rettete. Sein altes Kindermädchen (eine Katholikin) glaubt felsenfest, dass er die Wahrheit spricht. Der Herr Jesus, der einst selbst Kind gewesen ist, empfand Mitleid mit ihm, als er vor Kummer fast starb. Er schickte ihm einen seiner Engel und brachte als Zeichen einer Liebe, die den Tod überlebt, den Bruder von den Toten zurück. Mitunter dringt die Volkgläubigkeit eher zum Kern der Dinge vor als die Skepsis der Gebildeten.

Aber die Geschichte endet hier nicht. Das in jener Nacht begonnene wohltätige Wirken findet seine Fortsetzung. Niemand weiß, wie sich der Einfluss jener einen Tat weiterverzweigte. Walters wachgerütteltes Astralbewusstsein blieb aktiv. Jeden Morgen erinnert sich sein physisches Gehirn an die nächtlichen Abenteuer in Begleitung seines Bruders. Jede Nacht trafen sie ihren lieben Freund Cyril, von dem sie unendlich viel über die wunderbare neue Welt, die sich ihnen eröffnete, und die noch höher liegenden Welten gelernt haben. Unter Cyrils Führung haben sich beide als eifrige und ernsthafte Mitglieder der Schar der Helfer angeschlossen. In den folgenden Jahren, bis sich Lancelots kräftiger junger Astralkörper auflöst, wird wohl manches sterbende Kind diesen drei unsichtbaren Helfern, die sich bemühen, etwas von der Freude zu vermitteln, die sie selbst erfahren haben, dankbar sein.

Nicht nur den Toten sind diese beiden neuen Helfer von Nutzen gewesen. Sie haben andere Kinder gesucht und gefunden, die sich während des Schlafes der Astralwelt bewusst sind. Zumindest eines von jenen, die sie Cyril gebracht haben, hat sich bereits als wertvolles neues Mitglied der Kinderschar bewährt. Das Gleiche gilt für einen liebevollen kleinen Freund hier unten auf der physischen Ebene.

Denjenigen, denen diese Vorstellungen neu sind, fällt es manchmal schwer zu begreifen, dass sich Kinder in der Astralwelt nützlich machen können. Aufgrund des unentwickelten kindlichen Astralkörpers und des auf astraler und physischer Ebene begrenzten Egos fragen sie sich, in welcher Weise ein solches Ego von Nutzen sein kann oder die Fähigkeit besitzt, die geistige, mentale und moralische Entwicklung der Menschheit, das wesentliche Ziel der Helfer, zu fördern.

Als kurz nach Veröffentlichung eines der Berichte diese Frage zum ersten Mal auftauchte, leitete ich sie an Cyril weiter. Er antwortete:

„Es stimmt, ich bin nur ein Junge und weiß noch sehr wenig. Ich werde von größerem Nutzen sein, wenn ich mehr gelernt habe. Aber ich kann jetzt schon einen kleinen Beitrag leisten, denn es gibt unendlich viele Leute, denen die Theosophie völlig fremd ist, obwohl sie über andere Dinge sehr viel mehr wissen als ich. Will man an einen bestimmten Ort gelangen, vermag ein kleiner Junge, der den Weg kennt, mehr für dich zu tun als hundert weise Menschen, die ihn nicht kennen."

Wenn ein Kind bereits auf der Astralebene erwacht, wird die Entwicklung seines Astralkörpers so rasch voranschreiten, dass es einem erwachten Erwachsenen bald kaum unterlegen sein wird, und den klügsten, aber noch nicht erwachten Menschen im Hinblick auf seine Nützlichkeit überflügelt. Besitzt das Ego, das sich durch diesen Kinderkörper zum Ausdruck bringt, nicht eine entschlossene und gleichzeitig liebevolle Veranlagung und hat diese in früheren Leben nicht eindeutig bekundet, wird kein Esoteriker eine Verantwortung von dieser Tragweite auf sich nehmen, es auf der Astralebene zu wecken. Lässt es ihr Karma zu, dass sie geweckt werden dürfen, erweisen sich Kinder oft als nützliche Helfer, denn sie stürzen sich hingebungsvoll in ihre Arbeit. Und so erfüllt sich wieder einmal die Weissagung: „Ein kleines Kind wird sie führen."

Bei der Lektüre dieser Geschichte über die beiden Brüder stellt sich eine weitere Frage. Allein die Kraft der Liebe und des Mitleids sowie seine Willenskraft ermöglichten es Cyril, sich zu materialisieren. Warum gelang es Lancelot nicht, der sich seit längerem darum bemühte, Kontakt zu seinem Bruder aufzunehmen?

Dies lässt sich unschwer erkennen, denn die Unfähigkeit liegt in der Sache selbst. Das Erstaunliche ist, dass Cyril sich materialisieren *konnte*, während Lancelot es *nicht* vermochte. Wahrscheinlich besaß Cyril nicht nur stärkere Gefühle, sondern er wusste auch genau, was er wollte. Er wusste, dass in der Materialisation eine Möglichkeit lag, und er besaß eine allgemeine Vorstellung von dem Vorgang, während Lancelot, im Gegensatz zu heute, nichts von alledem wusste.

Kapitel XI

Schiffbruch und andere Katastrophen

Manchmal sind Helfer in der Lage, drohende Katastrophen abzuwenden. So wird von Fällen berichtet, in denen ein Schiff aufgrund unerwarteter Strömung oder Fehlkalkulation weit vom Kurs abkam und in Gefahr geriet. Durch wiederholtes Einwirken auf den Geist des Kapitäns, das in ihm das Gefühl aufsteigen ließ, dass etwas nicht in Ordnung sei, konnte ein Unglück vermieden werden. Gewöhnlich wird die Warnung als vage Intuition aufgenommen und erhärtet sich erst durch fortlaufende Wiederholung, so dass ihr schließlich Beachtung geschenkt wird und die angedeuteten Vorsichtsmaßnahmen ergriffen werden.

In einem Fall befand sich der Schiffsführer sehr viel näher an der Küste, als er vermutet hatte. Wiederholt wurde er gedrängt, das Handlot zu hieven. Obwohl er sich dieser Eingebung eine Weile widersetzte, da er es für unnötig und absurd hielt, gab er schließlich zögernd die Anweisung. Das Ergebnis verblüffte ihn, und er wendete sofort das Schiff. Erst am nächsten Morgen erkannte er die entsetzliche Gefahr, der er knapp entkommen war.

Katastrophen sind oft karmischer Natur und können daher nicht abgewendet werden. Dies bedeutet nicht, dass es in solchen Fällen an Beistand fehlt. Möglicherweise ist es die Bestimmung der Betroffenen zu sterben, weshalb sie nicht vor dem Tod bewahrt werden können. In manchen Fällen werden sie bis zu einem gewissen Grad darauf vorbereitet und sicher auf die andere Seite geleitet. Tatsache ist, dass bei jeder Katastrophe spezielle Hilfe entsendet wird. Bei zwei Unglücken, die sich erst kürzlich ereigneten, gaben die Helfer ihr Bestes, um den Geist der Verunglückten zu beruhigen und zu heben, damit sie der Augenblick des Schreckens weniger erregte. Die Hauptarbeit fand auf der Astralebene statt, nachdem die Opfer bereits ihren physischen Körper verlassen hatten.

Wenn Panik unter den Betroffenen ausbricht, wird der liebevolle Dienst der Helfer behindert, insbesondere wenn diejenigen, denen sie beizustehen versuchen, volltrunken sind. So manches Schiff stürzte in sein Verderben, da fast jeder an Bord sinnlos betrunken war, was es völlig unmöglich machte, vor dem Tod oder lange Zeit danach Hilfe anzunehmen.

Sollten wir jemals in großer Gefahr schweben, deren Verhinderung außerhalb unserer Macht steht, dürfen wir nicht vergessen, dass Unterstützung nahe ist und es an uns liegt, ob wir die Arbeit der Helfer einfach oder schwierig gestalten. Sehen wir der Gefahr ruhig und tapfer ins Auge und erkennen, dass sie das wahre Ego niemals anzutasten vermag, öffnet sich unser Geist für die Führung der Helfer. Es kann uns nichts Besseres widerfahren, gleichgültig ob sie uns vor dem Tode bewahren dürfen oder uns hindurch geleiten.

Sowohl Individuen als auch die Betroffenen allgemeiner Unglücksfälle haben diese Art des Beistands oft erfahren. Ein Beispiel soll genügen. Während einer der heftigen Stürme, die unsere Küsten vor einigen Jahren verwüsteten, kenterte ein Fischerboot auf offener See. Die einzigen Menschen an Bord waren der alte Fischer und ein Junge. Ersterem gelang es, sich für einige Minuten an dem umgekippten Boot festzuklammern. Physische Hilfe war nicht in Sicht, und selbst wenn, wäre es aussichtslos gewesen, bei dem tobenden Sturm etwas zu unternehmen. Der Fischer wusste, dass es kein Entrinnen gab und es bis zum sicheren Tod nur eine Frage von wenigen Minuten war. Allein gelassen in dieser unübersehbaren Wasserwüste, erfasste ihn Entsetzen bei dem Gedanken. Er dachte an seine Frau und seine Familie und die Schwierigkeiten, denen sie durch sein plötzliches Dahinscheiden entgegensahen.

Eine vorüberziehende Helferin, die dies alles sah, bemühte sich, ihn zu trösten. Da die Unruhe seines Geistes sie daran hinderte, auf ihn einwirken zu können, hielt sie es für angebracht, sich ihm zu zeigen. Später erzählte sie von dem erstaunlichen Wandel im Gesicht des Fischers, als er sie sah. Beim Anblick der leuchtenden Gestalt über dem Boot glaubte er, ein Engel sei ihm geschickt worden, um ihn in seiner Not zu trösten. Er fühlte, dass man ihn sicher durch das Tor des Todes tragen und sich um seine Familie kümmern werde. Als der Tod wenige Minuten später eintrat, hatte sich sein Gemütszustand völlig verändert. Nachdem er auf der Astralebene sein Bewusstsein wiedererlangt hatte und seinen „Engel“ noch immer neben sich sah, fühlte er sich sicher und folgte bereitwillig seinem Rat hinsichtlich des neuen Lebens, in das er nun eintrat.

Einige Zeit später begegnete dieser Helferin ein ähnlicher Fall, von dem sie berichtet:

„Als das Schiff unterzugehen drohte, begab ich mich in die Kabine, in der etwa ein Dutzend Frauen eingeschlossen waren. Sie klagten mitleiderregend und seufzten und stöhnten vor Angst. Das Schiff musste sinken, Hilfe gab es keine. Diese Welt im Zustand der Verzweiflung zu verlassen, um in die nächste überzugehen, ist das Schlimmste, was passieren kann. Um die Frauen zu beruhigen, materialisierte ich mich. Sie glaubten natürlich, ich sei ein Engel, fielen auf die Knie und flehten mich an, sie zu retten. Eine Mutter drückte mir sogar ihr Baby in den Arm und bat mich inständig, wenigstens das Kind zu schonen. Während wir sprachen, beruhigten sich die Frauen allmählich. Das Baby schlief lächelnd ein. Bald schliefen alle friedlich. Ich erfüllte ihren Geist mit Gedanken an die himmlischen Welten, so dass sie nicht aufwachten, als das Schiff endgültig unterging. Ich folgte ihnen, um ihren Schlaf in den letzten Minuten sicherzustellen. Sie regten sich nicht, denn der Schlaf wurde zum Tod."

Auch in diesem Fall besaßen die Betroffenen den Vorteil, dem Tod nicht nur ruhig und gelassen entgegenzutreten, sondern an seinem fernen Ufer von jemandem empfangen zu werden, dem sie bereits ihre Liebe und ihr Vertrauen entgegenzubringen bereit waren. Diese Seele verstand diese andere Welt und vermochte den Frauen nicht nur das Gefühl der

Sicherheit zu geben, sondern sie außerdem zu beraten, unter den stark veränderten Umständen ihr Leben zu ordnen. Dies führt uns zur Betrachtung des wichtigsten Wirkungsbereichs der Helfer – die Führung und Unterstützung der Verstorbenen.

Kapitel XII

Arbeit mit den Verstorbenen

Eines der Übel, die den im Westen verbreiteten Irrlehren über die Gegebenheiten nach dem Tode entspringen, besteht darin, dass es jene, die erst kürzlich die Mühsal irdischen Daseins abgeschüttelt haben, verwirrt und erschreckt, alles anders vorzufinden, als es ihre Religion lehrte. Ein englischer General, der drei Tage nach seinem Tod einem Helfer begegnete, den er bereits im irdischen Leben kannte, brachte die mentale Haltung der meisten dieser Leute auf den Punkt. Nachdem er seiner großen Erleichterung Ausdruck verliehen hatte, schließlich jemanden getroffen zu haben, mit dem er kommunizieren konnte, meinte er als Erstes: „Aber wenn ich tot bin, wo bin ich dann? Wenn dies der Himmel sein soll, halte ich nicht viel davon. Ist es die Hölle, ist sie besser, als ich es erwartete."

Leider betrachten die meisten die Dinge weniger philosophisch. Man hat sie gelehrt, dass alle Menschen für die ewigen Flammen bestimmt sind, ausgenommen die wenigen übermenschlich Guten. Da eine spärliche Selbsterforschung sie davon überzeugt, dass sie nicht zu *dieser* Kategorie gehören, verharren sie in panischer Angst und fürchten, dass sich die neue Welt, in der sie sich wiederfinden, jeden Moment auflöst und in die Klauen des Teufels fällt, an den zu glauben man sie so beharrlich gelehrt hat. In vielen Fällen leiden sie lange Zeit unter akuten mentalen Schmerzen, bis sie sich von dem fatalen Einfluss dieser blasphemischen Lehre ewiger Bestrafung befreien können. Sie erkennen, dass die Welt nicht von den Launen eines grauenhaften Dämons regiert wird, der sich an den menschlichen Qualen weidet, sondern von einem wohlwollenden, erstaunlich geduldigen Evolutionsgesetz, das absolut gerecht ist und dem Menschen auf allen Lebensstufen immer wieder Möglichkeiten zum Fortschritt bietet.

Fairerweise muss erwähnt werden, dass dieses schreckliche Übel seine schlimmste Form in den protestantischen Gemeinden annimmt. Die Römisch-Katholische Kirche mit ihrer Lehre vom Fegfeuer nähert sich der Vorstellung von der Astralwelt schon eher. Ihre Gläubigen erkennen jedenfalls, dass der Zustand unmittelbar nach dem Tod vorübergehender Natur ist und ihre Aufgabe darin besteht, sich mittels intensiver geistiger Anstrengung darum zu bemühen, diesem Zustand möglichst schnell zu entwachsen. Sie akzeptieren das Leid, das sie erdulden müssen, um die Unvollkommenheiten ihres Charakters auszumerzen, ehe sie in höhere, lichtvollere Regionen weiterschreiten dürfen.

Für die Helfer gibt es also viel Arbeit, denn die Mehrzahl der jüngst Verstorbenen muss beruhigt, ermutigt, getröstet und unterwiesen werden. Ebenso wie auf der Erde, gibt es auch in der Astralwelt viele, die kaum geneigt sind, einen Rat von anderen anzunehmen, sondern es besser zu wissen glauben als sie. Andererseits trägt das ungewohnte Umfeld dazu bei, dass viele von ihnen die Führung jener, denen es bekannt zu sein scheint, bereitwillig akzeptieren. Die ernsthaften Bemühungen der energetisch wirkenden Helfer haben den Aufenthalt so mancher Menschen auf dieser Ebene beträchtlich verkürzt.

Dies bedeutet nicht, dass die karmische Situation des Verstorbenen in irgendeiner Weise beeinflusst werden kann. Er hat sich selbst im Laufe seines Lebens einen Astralkörper von bestimmter Dichte geschaffen. Erst wenn sich diese Hülle ausreichend aufgelöst hat, kann er in die Himmelswelt weiterschreiten. Andererseits muss er die für diesen Prozess erforderliche Periode nicht unnötig verlängern, indem er eine falsche Haltung annimmt.

Die Dauer seines Astralaufenthaltes nach dem Ablegen des physischen Körpers hängt hauptsächlich von zwei Faktoren ab – von der Natur des vorangegangenen Lebens und von der geistigen Haltung nach dem sogenannten Tod. Während seines Erdendaseins beeinflusst der Mensch fortwährend die Materie seines Astralkörpers. Durch seine Leidenschaften, Emotionen und Wünsche, von denen er sich hinreißen lässt, wirkt er unmittelbar auf diesen ein. Von oben beeinflusst er ihn indirekt durch seine Gedanken, von unten durch seine Lebensweise, wie Enthaltsamkeit oder Zügellosigkeit, Reinheit oder Unreinheit, Essen und Trinken.

Verharrt er in Widernatürlichkeit und schafft sich somit einen groben Astralträger, der nur auf die niedrige Schwingungsebene zu reagieren vermag, wird er nach dem Tod während des langen und langsamen Auflösungsprozesses des Astralkörpers an diese Ebene gebunden sein. Erschafft er sich aufgrund eines anständigen, bedachten Lebens einen hauptsächlich aus feinerem Material zusammengesetzten Träger, wird er nach dem Tod sehr viel weniger Mühe und Unbehagen empfinden und sich rascher und leichter weiterentwickeln.

Der zweite Faktor, seine geistige Haltung nach dem Tod, wird häufig übersehen. Der Mensch muss seine Position auf dem eigenen kleinen Evolutionsbogen erkennen und lernen, sich allmählich auf die Ebene seines wahren Wesens zurückzuziehen. Dazu sollte er seine Gedanken von den irdischen Dingen möglichst weit entfernen und seine Aufmerksamkeit mehr und mehr auf die geistigen Aspekte lenken, mit denen er sich während seines Lebens in der himmlischen Welt befassen wird. Auf diese Weise vereinfacht er die natürliche astrale Auflösung und wird den leider gängigen Fehler vermeiden, seinen Aufenthalt auf den unteren Ebenen, der nur vorübergehend sein sollte, unnötig hinauszuzögern.

Viele Verstorbene ziehen diesen Auflösungsprozess beachtlich in die Länge, indem sie sich leidenschaftlich an die Erde klammern, die sie verlassen haben. Sie wenden ihre Gedanken und Sehnsüchte nicht aufwärts, sondern verbringen ihre Zeit damit, sich mit all ihrer Kraft darum zu bemühen, mit der physischen Ebene in engem Kontakt zu bleiben, was für jeden, der ihnen zu helfen versucht, große Mühe bedeutet. Ihr ganzes Interesse galt stets den irdischen Dingen. Selbst nach dem Tod klammern sie sich mit verzweifelter Beharrlichkeit an diese

Materie. Im Laufe der Zeit wird es zunehmend schwieriger, die irdischen Dinge festzuhalten, aber anstatt den Prozess allmählicher Verfeinerung und Vergeistigung zu begrüßen und zu fördern, wiedersetzen sie sich ihm mit aller Macht.

Schließlich erfasst sie die mächtige Woge der Evolutionskraft, gegen die sie auf jedem Schritt angehen und sich dadurch nicht nur völlig unnötigen Schmerz und Kummer zufügen, sondern ihren weiteren Fortschritt ernsthaft gefährden sowie ihren Aufenthalt in den Astralregionen nahezu unendlich lange hinauszögern. Das Hauptanliegen jener, die ihnen zu helfen versuchen, besteht darin, sie davon zu überzeugen, dass ihr ignoranter und verheerender Widerstand gegen den kosmischen Willen den Naturgesetzen widerspricht und sie die entgegengesetzte Geisteshaltung einnehmen sollten.

Gelegentlich klammert sich der Verstorbene aus Furcht an die Erde, wegen nicht nachgekommener Verpflichtungen oder nicht getilgter Schulden, meistens jedoch aus Sorge um Frau und Kinder, die mittellos zurückblieben. In solchen Fällen wurde es oft notwendig, dass der Helfer bis zu einem gewissen Grad auf der physischen Ebene als sein Stellvertreter wirkte und sich um die Dinge kümmerte, die ihn beunruhigten, eher er in Frieden seinen Aufwärtsweg zu beschreiten vermochte.

Einer unserer Schüler bemühte sich, einem Verstorbenen zu helfen. Es gelang ihm nicht, den Geist des Mannes den irdischen Dingen zu entziehen, da er sich um seine beiden Kinder sorgte, die er mittellos zurückgelassen hatte. Er war Arbeiter gewesen und nicht in der Lage, Geld beiseite zu legen. Seine Frau hatte er zwei Jahre zuvor verloren. Seine Vermieterin, eine herzensgute Frau, die bereit war, in jeder ihr möglichen Weise zu helfen, war selbst zu arm, um die Kinder adoptieren zu können. Zögernd fasste sie den Entschluss, sie der Kirchengemeinde zu übergeben. Dies bereitete dem Vater großen Kummer, obwohl er es der Vermieterin nicht verübeln konnte und selbst keinen Ausweg fand.

Unser Freund fragte ihn nach einem Verwandten, dem er die Kinder anvertrauen konnte. Aber der Vater wusste von niemandem, außer seinem jüngeren Bruder, den er seit fünfzehn Jahren aus den Augen verloren hatte. Als er das letzte Mal von ihm hörte, arbeitete er als Schreinerlehrling in einer Stadt im Norden, ein junger Mann, der sicherlich seinen Weg gegangen war.

Dies waren nur dürftige Anhaltspunkte, aber unser Freund unterzog sich der Mühe, ihnen nachzugehen. Gemeinsam mit dem verstorbenen Vater machte er sich in besagter Stadt auf die Suche und fand ihn tatsächlich. Inzwischen war der Bruder Schreinermeister, verheiratet, aber kinderlos. Da er gerne Kinder gehabt hätte, schien er genau der richtige Mann für diesen Notfall zu sein.

Es stellte sich nun die Frage, auf welche Weise man ihm die Nachricht übermitteln sollte. Aufgrund seiner Beeindruckbarkeit konnte ihm der Tod des Bruders und die bittere Not der Kinder im Traum lebendig vor Augen geführt und der Ort sowie der Name der Vermieterin angegeben werden. Dies geschah dreimal. Die sich wiederholende Vision beeindruckte in zutiefst. Er besprach die Angelegenheit mit seiner Frau, die ihm riet, einen Brief an die angegebene Adresse zu schreiben. Dies gefiel ihm nicht. Er neigte eher dazu, sich die Sache selbst anzusehen. Aber er war Geschäftsmann und beschloss schließlich, dass er es sich nicht leisten konnte, einen Arbeitstag ausfallen zu lassen, um womöglich nur einem Traum nachzujagen.

Nachdem dieser Versuch offensichtlich gescheitert war, wurde entschieden, einen anderen Weg einzuschlagen. In einem an den Mann adressierten Brief erläuterte einer der Helfer die Lage der Kinder seines verstorbenen Bruders. Nachdem er die Bestätigung seines Traumes gelesen hatte, zögerte er nicht lange und fuhr am nächsten Tag in die genannte Stadt, wo er von der Vermieterin mit offenen Armen empfangen wurde. Es war den Helfern nicht schwergefallen, die gute Seele davon zu überzeugen, die Kinder noch einige Tage zu beherbergen, da sich vielleicht eine andere Möglichkeit für sie ergab. Sie hat es niemals bereut. Der Schreiner nahm die Kinder zu sich und schenkte ihnen ein glückliches Zuhause. Der verstorbene Vater sorgte sich nicht länger und setzte erleichtert einen Aufwärtsweg fort.

Da sich einige Theosophen verpflichtet fühlten, mit heftigen Worten gegen die häufig auftretenden negativen Aspekte spiritistischer *Séancen* zu schreiben, sollte darauf hingewiesen werden, dass gelegentlich durch das Medium oder einen anderen Anwesenden ähnlich gute Arbeit geleistet wird. Obwohl der Spiritismus Seelen allzu oft von einer rascheren Befreiung zurückhielt, muss ihm zugutegehalten werden, dass er auch dazu beigetragen hat, anderen den Weg zum Voranschreiten zu öffnen. Es hat Fälle gegeben, in denen der Verstorbene ohne fremde Hilfe seinen Verwandten oder Freunden zu erscheinen vermochte, um seine Wünsche zum Ausdruck zu bringen. Diese Fälle sind natürlich selten. Die meisten von der Sorge getriebenen erdgebundenen Seelen sind auf die Unterstützung eines Mediums oder eines bewussten Helfers angewiesen.

Ein anderer Fall, den man auf der Astralebene häufig antrifft, ist ein Mensch, der nicht glauben kann, dass er tot ist. Die meisten erachten die Tatsache, dass sie sich bewusst sind, als Beweis dafür, dass sie die Todespforte nicht durchschritten haben, eine Ironie, bedenkt man den praktischen Wert unseres viel gepriesenen Glaubens an die Unsterblichkeit der Seele. Wie immer sie sich im Leben genannt haben mögen, die meisten entpuppen sich durch ihre spätere Haltung im Grunde genommen als Materialisten. Diejenigen, die sich auf der Erde ehrlich dazu bekannten, sind nicht schwieriger zu handhaben als solche, die allein die Bezeichnung empört hätte.

Ein Wissenschaftler, der sich zwar bewusst war, aber völlig andere Gegebenheiten vorfand, als er sie kannte, war überzeugt, noch am Leben und nur das Opfer eines langen, unangenehmen Traumes zu sein. Glücklicherweise gehörte zu der Schar jener, die auf der Astralebene tätig sind, der Sohn eines alten Freundes, ein junger Mann, den sein Vater beauftragt hatte, nach dem verstorbenen Wissenschaftler zu suchen und ihm beizustehen. Als er ihn schließlich fand und ansprach, gestand dieser freimütig, sich äußerst verwirrt und unbehaglich zu fühlen. Dennoch klammerte er sich verzweifelt an seine Traum-Hypothese, die für ihn einzig mögliche Erklärung, und ging sogar so weit anzunehmen, dass es sich bei seinem Besucher nur um eine Traumgestalt handelte.

Schließlich gab er insofern nach, indem er ihm eine Art Test vorschlug: „Falls du tatsächlich eine lebende Person und der Sohn meines alten Freundes bist, bringe mir irgendeine Botschaft von ihm, die mir deine objektive Realität beweisen wird." Obwohl es den Schülern der Meister streng verboten ist, ein irdisches Phänomen als Beweis zu liefern, schien diese Angelegenheit nicht unter die Vorschrift zu fallen. Nachdem sichergestellt war, dass es keine Einwände vonseiten der höheren Autoritäten gab, wurde der Vater um eine Botschaft gebeten. Dieser reagierte umgehend, indem er sich auf eine Reihe von Vorkommnissen bezog, die sich vor der Geburt seines Sohnes ereignet hatten. Dies überzeugte den Verstorbenen von der tatsächlichen Existenz seines jungen Freundes und von der Ebene, auf der sie sich befanden. Seine wissenschaftliche Ausbildung kam wieder zum Tragen. Mit großem Eifer versuchte er, alle ihm zugänglichen Informationen über diese neue Region zu erwerben.

Bei der Botschaft, die er so bereitwillig als Beweis annahm, handelte es sich in Wirklichkeit keineswegs um einen Beweis, da die Fakten, auf die sie sich bezog, aus seinem eigenen Geist oder aus der Akasha-Chronik von irgendeinem Astralwesen abgelesen sein konnte. Seine diesbezügliche Unwissenheit ermöglichte eine solche starke Wirkung auf ihn. Die nächtlichen theosophischen Unterweisungen, die ihm sein junger Freund zukommen lässt, werden zweifellos seine Zukunft erheblich beeinflussen. Sie können nicht nur seinen unmittelbar bevorstehenden Zustand im Himmel, sondern auch seine nächste Inkarnation verändern.

Die Hauptarbeit unserer Helfer für die kürzlich Verstorbenen besteht darin, sie zu beruhigen und zu trösten, das heißt, sie möglichst von der schrecklichen, wenn auch unbegründeten Furcht zu befreien, die sie allzu oft erfasst und ihnen nicht nur unnötiges Leiden verursacht, sondern ihr Voranschreiten in die höheren Sphären verzögert. Außerdem sollen sie den Neuankömmlingen beistehen, ihre Zukunft zu begreifen.

Andere, die bereits seit längerer Zeit auf der Astralebene weilen, können aus den erklärenden Ratschlägen für den weiteren Verlauf ihres Weges ebenfalls eine solche Hilfe erhalten, falls sie diese annehmen. Man mag sie auf die Gefahren und die Verzögerung hinweisen, die der Versuch mit sich bringt, über ein Medium mit den Lebenden zu kommunizieren. In seltenen Fällen kann ein bereits zu einem spiritistischen Zirkel hingezogenes Wesen in ein höheres und gesünderes Leben geführt werden. Die Belehrungen auf dieser Ebene gehen keineswegs verloren. Obwohl die Erinnerung daran nicht unmittelbar in die nächste Inkarnation übertragen wird, bleibt stets das wahre innere Wissen und die starke Neigung, sie in dem neuen Leben augenblicklich zu akzeptieren, wenn sie erneut gehört wird.

Kapitel XIII

Andere Arbeitsbereiche

Wenden wir uns wieder der Arbeit mit den Lebenden zu und betrachten einen Bereich, ohne dessen Erwähnung die Ausführung über unsere Helfer unvollständig wäre. Es handelt sich um die Eingebung. In den Geist jener, die bereit sind, sie zu empfangen, werden positive Gedanken gesenkt.

Dies darf aber nicht missverstanden werden. Für einen Helfer wäre es einfach – für jemanden, der von der Sache nichts versteht, einfach unglaublich – den Geist eines Durchschnittsmenschen zu dominieren und ihn nach seinem Dafürhalten denken zu lassen, ohne den geringsten Verdacht an einen von außen kommenden Einfluss zu erregen. So bewundernswert dies sein mag, ein solches Vorgehen wäre unzulässig. Es darf lediglich der positive Gedanke als einer von vielen, die den Geist einer Person beständig durchfluten, in ihn hineingelegt werden. Ob diese Person ihn aufnimmt, ihn sich zu eigen macht und entsprechend handelt, bleibt ihr überlassen. Verhielte es sich anders, käme das positive Karma der Handlung allein dem Helfer zugute, da die Person nur als

Werkzeug diente und nicht eigenständig handelte, was nicht erwünscht ist.

Die auf diesem Wege gegebene Unterstützung ist breitgefächert. Dazu gehören die Tröstung der Leidenden und Trauernden ebenso wie die Bemühung, den ernsthaft Suchenden zur Wahrheit zu führen. Befasst sich jemand intensiv mit einem geistigen oder metaphysischen Problem, wird die Lösung oft in seinen Geist gesenkt, ohne dass sich die Person der von außen kommenden Einwirkung bewusst ist.

Bisweilen wird ein Schüler als sogenannte Antwort auf ein Gebet eingesetzt. Obwohl jeder aufrichtige spirituelle Wunsch, wie er im Gebet seinen Ausdruck finden mag, in sich selbst eine Kraft darstellt, die automatisch ein gewisses Ergebnis herbeiführt, bietet eine solche geistige Bemühung eine Gelegenheit für die Einflussnahme der Kräfte des Guten, von denen sie rasch Gebrauch machen und oft einen bereitwilligen Helfer als Kanal für die Ausgießung ihrer Energien nutzen.

Neben dieser eher allgemeinen Hilfeleistung gibt es bestimmte Methoden, die nur wenigen offenstehen. Diese Schüler werden fortwährend für ihr Wirken geschult und eingesetzt, Schriftstellern, Dichtern, Künstlern und Komponisten wahre und positive Gedanken einzugeben. Offensichtlich eignet sich nicht jeder Helfer für diese Arbeit.

In manchen Fällen werden Personen vor den Gefahren ihrer moralischen Entwicklung auf dem Weg, den sie eingeschlagen haben, gewarnt, um negative Einflüsse zu beseitigen, die von einer Person oder einem Ort ausgehen oder um den Machenschaften von Schwarzmagiern entgegenzutreten.

Es geschieht nur selten, dass Menschen außerhalb des esoterischen Schülerkreises unmittelbar in die erhabenen Naturwahrheiten eingewiesen werden. Gelegentlich eröffnet sich dem Geist eines Priesters oder Lehrers ein größerer Ideenkreis oder eine liberalere Sichtweise bezüglich irgendwelcher Fragen, als er sie normalerweise besitzt.

Je weiter der esoterische Schüler auf seinem Pfad voranschreitet, desto umfassender wird sein Einsatzbereich. Anstatt nur Individuen beizustehen, lernt er, sich Gesellschaftsschichten, Nationen und Völkern zuzuwenden. Mit der Zeit werden ihm in zunehmendem Maße höhere und wichtigere Aufgaben übertragen, für welche die Adepten zuständig sind. Erwirbt er die erforderliche Macht und das nötige Wissen, beginnt er, die erhabenen Akasha-Kräfte und das Astrallicht einzusetzen. Man zeigt ihm, wie die positiven zyklischen Einflüsse bestmöglich zu nutzen sind und stellt eine Verbindung zu den großen Nirmânakâyas her, jenen großen, vom Karma befreiten Wesen, die das geistige Gesetz auf allen Ebenen zur Anwendung bringen. Mit zunächst nur recht bescheidener Fähigkeit wird er einer ihrer Mitarbeiter und lernt, ihre Kräfte, die Auswirkung höchster Selbstaufopferung, weiter zu verteilen. Auf diese Weise steigt er allmählich höher und höher, bis er schließlich als Adept die Verantwortung zu übernehmen vermag, die den Meistern der Weisheit obliegt, und andere auf dem Pfad unterstützt, den er selbst einst beschritten hat.

Die Arbeit auf der Ebene des Devachan gestaltet sich ganz anders. Die Lehren können unmittelbarer, rascher und vollkommener gegeben und empfangen werden. Die auf einer solchen hohen Ebene in Gang gesetzten Einflüsse wirken unendlich viel machtvoller. Obgleich es sinnlos erscheint, gegewärtig ausführlich darüber zu sprechen, da nur einige wenige unter uns während ihres Lebens bewusst auf dieser Ebene tätig sein können, soll erwähnt werden, dass auch hier und selbst auf noch höherer Ebene stets reichlich Arbeit ansteht, sobald wir dazu in der Lage sind, sie zu übernehmen. Es erübrigt sich die Befürchtung, dass es in den zahllosen vor uns liegenden Äonen keine Möglichkeit zu selbstlosem Dienen mehr geben wird.

Kapitel XIV

Geistige Gesetzmäßigkeiten

Es stellt sich die Frage, wie wir die Fähigkeit, an dieser Arbeit teilzunehmen, erlangen können. Was die Eignung betrifft, die jeder, der danach strebt, als Helfer wirken zu dürfen, aufweisen muss, gibt es kein Geheimnis. Die Schwierigkeit liegt nicht darin, die Befähigung zu erlernen, sondern sie in sich zu entwickeln. Zu diesem Zweck wollen wir die einzelnen Punkte auflisten, obwohl sie bereits in etwa beschrieben wurden.

Zielstrebigkeit

Die erste Vorbedingung besteht darin, dass wir die Arbeit anerkennen, mit denen uns die Meister beauftragen, der von diesem Moment an unser einziges Interesse im Leben gelten sollte. Wir müssen nicht nur lernen, zwischen sinnvoller und nutzloser Arbeit zu unterscheiden, sondern auch zwischen den einzelnen Formen sinnvoller Arbeit. Dadurch können wir uns dem Höchsten, dessen wir fähig sind, hingeben und nicht unsere Zeit mit etwas vergeuden, so gut es für jemanden sein mag, der es nicht besser versteht, das unserem Wissen und unserer Fähigkeit als Theosophen unwürdig wäre. Jemand, der auf den höheren Ebenen arbeiten möchte, muss sich zunächst mit ganzer Kraft für die theosophische Arbeit hier unten einsetzen.

Dies bedeutet natürlich nicht, dass wir unsere üblichen Alltagspflichten vernachlässigen sollen. Wir tun gut daran, keine neuen weltlichen Verpflichtungen einzugehen, aber diejenigen, die bereits auf unseren Schultern lasten, sind karmischer Natur. Wir müssen ihnen Rechnung tragen. Solange wir die karmisch bedingten Pflichten nicht erfüllt haben, sind wir nicht frei für die höhere Arbeit. Trotzdem muss diese die einzige Arbeit sein, für die es sich lohnt zu leben. Sie sollte fortwährend den Hintergrund eines Lebens bilden, das dem Dienst der Meister des Mitgefühls geweiht ist.

Vollkommene Selbstkontrolle

Bevor uns die höheren Kräfte des Astrallebens sicher anvertraut werden können, müssen wir uns selbst völlig im Griff haben. Wir sollten unser Temperament zu zügeln wissen, damit uns nichts, was wir sehen oder hören, wirklich zu irritieren vermag, da eine solche Irritation auf jener Ebene weitaus ernstere Folgen mit sich bringt als auf dieser. Die Gedankenkraft besitzt eine enorme Macht. Hier unten wird sie von den schweren physischen Gehirnpartikeln, die sie in Bewegung zu versetzen sucht, geschwächt und abgestumpft. In der Astralwelt ist sie freier und stärker. Ein voll erwachter Mensch, der dort einer Person gegenüber Ärger empfindet, würde schweres und vielleicht verhängnisvolles Leid auf sich ziehen.

Wir müssen nicht nur unsere Gefühle kontrollieren, sondern auch unsere Nerven, damit keiner der wundersamen oder schrecklichen Anblicke unseren furchtlosen Mut zu erschüttern vermag. Ein Schüler, der einen Menschen auf der Astralebene weckt, trägt eine gewisse Verantwortung für sein Handeln und seine Sicherheit. Bis dieser Neuling den Mut besitzt, selbstständig zu sein, würde die gesamte Zeit des älteren Arbeiters damit vergeudet werden, sich in seiner Nähe aufzuhalten und ihn zu beschützen, was man nicht erwarten kann.

Um die innere Ruhe des Kandidaten zu gewährleisten und ihn für die anstehende Arbeit auszurüsten, muss er sich, wie in alter Zeit, den Prüfungen von Erde, Wasser, Luft und Feuer unterziehen.

Mit anderen Worten, sie müssen mit einer Gewissheit, die nicht der Theorie, sondern der praktischen Erfahrung entspringt, lernen, dass keines dieser Elemente ihrem Astralkörper in irgendeiner Weise Schaden zufügen oder ihre Arbeit behindern kann.

In der physischen Welt sind wir davon überzeugt, dass Feuer verbrennt, Wasser ertränkt, ein Felsen eine Barriere für unser Vorankommen bildet und wir uns nicht ohne Unterstützung in die Lüfte zu erheben vermögen. Diese Überzeugung wurzelt so tief in uns, dass es den meisten Menschen schwerfällt, das daraus resultierende instinktive Handeln zu überwinden und zu erkennen, dass im Astralkörper der härteste Fels für ihre Bewegungsfreiheit kein Hindernis darstellt, sie ungehindert vom höchsten Kliff hinunterspringen und sich mit absolutem Vertrauen in das Herz eines wütenden Vulkans oder die Tiefen des unergründlichen Ozeans stürzen können.

Ehe der Mensch dies nicht *weiß*, so gewiss, dass er instinktiv und vertrauensvoll dementsprechend handelt, taugt er für die Astralarbeit nicht viel, da ihn die eingebildeten Unzulänglichkeiten bei Notfällen, die ständig eintreten, fortwährend lähmen würden. Aus diesem Grund muss er sich seinen Prüfungen und vielen anderen seltsamen Erfahrungen unterziehen, um mutig und gelassen inmitten der abscheulichsten Umgebung den erschreckendsten Erscheinungen gegenübertreten zu können und zu zeigen, dass auf seine innere Ruhe absolut Verlass ist, gleichgültig in welcher Situation er sich im gegebenen Moment befindet.

Außerdem bedarf es der Beherrschung des Geistes und der Wünsche. Ohne Konzentrationskraft wäre es unmöglich, inmitten der ablenkenden Astralströme gute Arbeit zu leisten. In dieser seltsamen Welt etwas zu *begehren*, bedeutet sehr oft, es zu *haben*. Solange dieser Teil unserer Natur nicht unter absoluter Kontrolle steht, kann es geschehen, dass wir zufällig einer Eigenschöpfung gegenüberstehen, der wir uns aufrichtig schämen sollten.

Gelassenheit

Den Schüler dürfen weder Sorge noch Niedergeschlagenheit erfassen. Ein Großteil der Arbeit auf der Astralebene besteht darin, die Erregten zu beruhigen und die Trauernden aufzuheitern. Wie kann ein Helfer dazu in der Lage sein, wenn seine eigene Aura in ständiger Unruhe und Sorge schwingt oder anhaltende Niedergeschlagenheit sie grau erscheinen lässt? Nichts schadet dem geistigen Fortschritt und der Einsatzfähigkeit mehr als die Angewohnheit, sich unablässig über Nichtigkeiten zu sorgen und aus einer Ameise einen Elefanten zu machen. Die meisten von uns verbringen ihr Leben damit, die absurdesten Trivialitäten aufzubauschen und sich geflissentlich wegen nichts unglücklich zu machen.

Ein Theosoph muss sich über diese Stufe irrationaler Sorge und grundloser Depression erheben. Wer die kosmische Ordnung kennenlernen möchte, sollte inzwischen begriffen haben, dass die optimistische Sichtweise der Dinge dem göttlichen Blick am nächsten steht und somit der Wahrheit. Nur das Gute und Schöne im Menschen hat Bestand, weil das Böse aufgrund seiner Natur flüchtig ist. Browning schrieb: „Das Böse ist null und nichtig, Stille, die den Ton in sich schließt", während über und jenseits allem „die Seele der Dinge süß ist, denn das Herz der Dinge ist himmlische Ruhe". Die Weisen bewahren ruhige Gelassenheit und vereinen mit Ihrem vollkommenen Mitgefühl eine fröhliche Heiterkeit, die der Gewissheit entspringt, dass schließlich alles gut werden wird. Und diejenigen, die helfen möchten, müssen lernen, Ihrem Beispiel zu folgen.

Wissen

Um von Nutzen sein zu können, muss der Mensch zumindest über einige Kenntnisse der Natur jener Ebene verfügen, auf der er arbeiten soll. Je breiter gefächert sein Wissen, desto sinnvoller seine Tätigkeit. Er muss sich sorgfältig auf diese Aufgabe vorbereiten und alles, was er in den Schriften der Theosophie über dieses Thema findet, studieren. Er darf nicht erwarten, sich das, was er hier unten in den Büchern lesen kann, von jenen erklären zu lassen, die bereits voll beschäftigt sind. Nur ein ernsthafter Schüler mag sich seinen Fähigkeiten und Möglichkeiten entsprechend als Kandidat für die Astralarbeit betrachten.

Liebe

Diese letzte und größte Vorbedingung wird am meisten missverstanden. Bei der Liebe handelt es sich *keineswegs* um billige, seichte und rückgratlose Sentimentalität, die sich in vagen Platitüden und überschwänglichen Verallgemeinerungen ergeht und aus Furcht, von den Ignoranten als „unbrüderlich" gebrandmarkt zu werden, nicht für das Richtige einsteht. Gefordert wird eine Liebe, welche die Stärke besitzt, sich nicht zu rühmen, sondern wortlos handelt. Der Wunsch zu dienen, hält stets nach einer Gelegenheit Ausschau, der er vorzugsweise anonym nachkommt. Liebe ist das Gefühl, das aus dem Herzen des Schülers hervorquillt, der das erhabene Werk des Logos erkannt hat und weiß, dass es für ihn keinen anderen

Weg gibt, als sich unter Einsatz seiner gesamten Kraft damit zu identifizieren. Er sehnt sich danach, ein bescheidener Kanal dieser wunderbaren Gottesliebe zu werden, die ebenso wie der Friede Gottes den Geist des Menschen durchzieht.

Diese Qualifikationen muss der Helfer fortwährend anstreben. Erst wenn sie bis zu einem beachtlichen Ausmaß erreicht wurden, darf er hoffen, dass ihn die hinter ihm stehenden Adepten für würdig halten, dass er vollends erwacht. Auf dieses Ideal hinarbeitend, sollte sich niemand entmutigt abwenden oder für völlig nutzlos halten. Abgesehen von der Verantwortung und den Gefahren, die ein solches Erwachen mit sich bringt, bietet die Astralebene sichere und sinnvolle Aufgaben, die er erfüllen kann.

Es gibt wohl kaum jemanden, der nicht in der Lage wäre, während der nächtlichen Abwesenheit von seinem physischen Körper zumindest eine barmherzige und wohlmeinende Tat zu vollbringen. Wenn wir schlafen, nehmen uns gewöhnlich unsere Gedanken gefangen, die uns im Laufe des Tages hauptsächlich beschäftigt haben, und wir verfolgen sie weiter, vor allem den letzten Gedanken vor dem Einschlafen. Ist er von der Absicht erfüllt, einem Notleidenden, den wir kennen, zu helfen, wird die vom Körper befreite Seele dieser Absicht zweifellos nachgehen. Es wird von Fällen berichtet, in denen sich die betroffene Person dieser Absicht des Helfers bewusst wurde und sogar seinen Astralkörper wahrnahm, als er den ihm gegebenen Anweisungen Folge leistete.

Niemand darf sich betrüben, an dieser wundervollen Arbeit nicht teilhaben zu können. Jeder, der denken kann, vermag auch zu helfen – und das nicht nur während er schläft.

Wenn du jemanden kennst, der trauert oder leidet, kannst du ihm liebevolle Gedanken und aufrichtige gute Wünsche senden, selbst wenn du nicht in der Lage bist, bewusst in deiner Astralform an seinem Bett zu stehen. Solche Gedanken und Wünsche sind real, lebendig und stark. In dem Moment, in dem du sie aussendest, wirken sie in dem Maße, in dem du Kraft in sie hineingelegt hast. Gedanken sind Dinge, starke Wirklichkeiten, sichtbar für jene, die zu schauen gelernt haben. Durch sie vermag der Ärmste ebenso wie der Reichste positiv für die Welt zu wirken. In dieser Hinsicht können und sollten wir uns alle dem Heer der unsichtbaren Helfer anschließen, gleichgültig, ob wir uns bewusst oder unbewusst auf der Astralebene bewegen.

Der Schüler, der sich entschieden hat, der Schar der unter Anleitung der erhabenen Meister der Weisheit wirkenden Helfer beizutreten, muss sich auf einen weitaus umfassenderen Entwicklungsweg vorbereiten. Anstatt nur die Eignung für diesen speziellen Zweig Ihres Dienstes anzustreben, wird er sich einer anspruchsvolleren Ausbildung unterziehen. Er wird seine gesamten Seelenenergien darauf konzentrieren, das zu erreichen, was Sie erreichten, damit seine Macht, der Welt zu helfen, nicht auf die Astralebene beschränkt bleibt, sondern sich zu den höheren Ebenen, der wahren Heimat des göttlichen Selbst im Menschen, ausdehnt.

Sein Pfad wurde durch die Weisheit jener, die ihn bereits in längst vergangenen Tagen beschritten, lange zuvor bestimmt. Diesem Pfad der Selbstentfaltung müssen alle früher oder später folgen, gleichgültig ob sie ihn jetzt aus freiem Willen wählen oder warten, bis nach vielen Leben und unendlichem Leid die langsame, unwiderstehliche Evolutionskraft die Nachzügler der Menschenfamilie vorantreibt. Der Weise, der ihn ungeduldig betritt und der Ebene eines Adepten unbeirrt entgegen strebt, um selbst für immer frei von Zweifel, Sorge und Furcht, anderen zu helfen sowie sicher und glücklich zu werden. Im nächsten Kapitel werden wir die Stufen dieses Pfads der Heiligkeit, wie die Buddhisten ihn nennen, und ihre Reihenfolge betrachten.

Kapitel XV

Der Pfad des Novizen

Die Schriften des Ostens nennen vier Möglichkeiten, durch die der Mensch zum Pfad spirituellen Fortschritts gelangt.

1. Durch die Gemeinschaft derer, die ihn bereits betreten haben.

2. Durch das Hören oder Lesen von bestimmten esoterischen Lehren.

3. Durch erleuchtende Reflexion, das heißt, der Betreffende gelangt selbst durch reine Gedankenkraft und Schlussfolgerung zur Wahrheit oder einem Teil von ihr.

4. Durch eine tugendhafte Lebensweise im Laufe zahlreicher Inkarnationen. Obwohl sie nicht notwendigerweise die Intellektualität steigert, entwickelt sie im Menschen einen Intuitionsgrad, der es ihm schließlich ermöglicht, die Notwendigkeit zu erkennen, den Pfad zu betreten und ihm zu zeigen, in welche Richtung er verläuft.

Sobald er diesen Punkt auf einem jener Wege erreicht hat, liegt der Pfad, der zur Adeptschaft führt, unmittelbar vor ihm, falls er sich entschließt, ihn zu betreten. Auf der gegenwärtigen Entwicklungsstufe können wir nicht erwarten, alles oder fast alles, außer über die unteren Stufen dieses Pfades, zu lernen. Die höchsten kennen wir nur mit Namen, obwohl wir gelegentlich Einblicke in die unbeschreibliche Herrlichkeit gewinnen dürfen, die sie umgibt.

Nach der esoterischen Lehre werden diese Stufen in drei große Unterabteilungen eingeteilt:

1. Die Probezeit. Man versteht darunter die Zeit, bevor bestimmte Gelübde abgelegt werden oder Einweihungen (im eigentlichen Wortsinn) stattfinden. Sie führt den Menschen zu der erforderlichen Ebene, die kritische Periode der gegenwärtige Entwicklungsstufe durchschreiten zu können, wie es in den theosophischen Büchern gewöhnlich heißt.

2. Die Periode feierlich gelobter Jüngerschaft oder der rechte Pfad. Im Schrifttum des Ostens werden seine vier Stufen als die *vier heiligen Pfade* bezeichnet, die in die Adeptschaft münden, jene Ebene, welche die Menschheit mit Abschluss des gegenwärtigen Zyklus erreicht haben sollte.

3. In einer *Amtsperiode*, wie wir sie nennen mögen, übernimmt der Adept einen bestimmten Bereich (unter dem erhabenen kosmischen Gesetz) in der Weltregierung und hält ein entsprechendes Amt inne. Jeder Adept, sogar je-

der angenommene Schüler, unterstützt die menschliche Evolution. Diejenigen, die auf den höchsten Ebenen wirken, kümmern sich um spezielle Bereiche und entsprechen innerhalb des kosmischen Plans den Ministern in einem wohlgeordneten irdischen Staat. Im Rahmen dieser Abhandlung wollen wir nicht näher auf diese Struktur, die unser Begriffsvermögen übersteigt, eingehen und uns auf die beiden ersten Punkte beschränken.

In den meisten heiligen Schriften des Ostens wird die Probezeit eher als Vorbereitung und kaum als Teil des Pfades selbst verstanden, da dieser erst nach Ablegung bestimmter Gelübde betreten werden kann. Es hat zu erheblichen Missverständnissen geführt, dass sie bei der Aufzählung der einzelnen Stufen mit einbezogen wurde, obwohl in den meisten Fällen mit dem zweiten Punkt begonnen wird. Manchmal werden die Stufen selbst aufgezählt und manchmal die Einweihungen, die zu ihnen führen oder aus ihnen hervorgehen, was man beim Studium der Bücher genau beachten sollte, um Missverständnisse zu vermeiden.

Die Probezeit unterscheidet sich erheblich von den übrigen Perioden. Ihre einzelnen Entwicklungsschritte sind weniger klar umrissen und die Anforderungen nicht so genau festgelegt oder zwingend wie bei den höheren Stufen. Anhand der fünf Abschnitte mit ihren jeweiligen Qualifikationen lässt sich dieser Punkt einfacher erklären. Die ersten vier Stufen wurden von Mohini Mohun Chatterji beschrieben. Außerordentlich wertvolle Informationen finden sich in *Der Pfad der Jüngerschaft* und *Der Pfad zum Tempel der Weisheit* von Annie Besant.

Die Namen variieren ein wenig, da in jenen Büchern die Sanskrit-Terminologie verwendet wurde, hier jedoch die Pâli-Nomenklatur aus dem buddhistischen System vorliegt. Obwohl von zwei verschiedenen Seiten betrachtet, besitzen die geforderten Qualifikationen dieselbe Gültigkeit, auch wenn die äußere Form variiert. Zu jedem Begriff steht die wörtliche Übertragung in Klammern, gefolgt von der Erklärung des Lehrers. Bei den Buddhisten heißt die erste Stufe:

1. *Manodvâravajjana* (die Öffnung der Tore des Geistes oder durch das Tor des Geistes entfliehen). Auf dieser Stufe erwirbt der Kandidat die feste intellektuelle Überzeugung von der Unbeständigkeit und Wertlosigkeit rein irdischer Ziele. Dies wird häufig beschrieben als zwischen der Wirklichkeit und dem Unwirklichen unterscheiden zu lernen, ein Lernprozess, der lange währt und viele schwierige Lektionen mit sich bringt. Es ist der erste Schritt zu einer Art wirklichem Fortschritt. Kein Mensch vermag den Pfad ernsthaft zu betreten, ehe er nicht beschlossen hat, „sich den höheren, nicht den irdischen Dingen zuzuwenden". Diese Entscheidung entspringt der Gewissheit, dass im Vergleich zum höheren Leben nichts auf der Erde irgendeinen Wert besitzt. Die Hindus nennen diese Stufe das Erlangen von *Viveka* (Unterscheidungsvermögen). Sinnett spricht vom Gehorsam dem höheren Selbst gegenüber.

2. *Parikamma* (Vorbereitung zum Handeln). Auf dieser Stufe handelt der Schüler richtig, einfach weil es gut ist, so zu handeln, ohne seinen eigenen Vorteil oder Nachteil in dieser Welt oder der zukünftigen zu berücksichtigen. Er steht den Freuden, die den Früchten seines Handelns entspringen, gleichgültig gegenüber. Diese Gelassenheit ergibt sich aus der vorangegangenen Stufe. Sobald der Neophyt den unwirklichen und vergänglichen Aspekt irdischer Belohnung begriffen hat, hört er auf, sich danach zu sehnen. Wenn die Strahlen der Wirklichkeit erst einmal auf seine Seele gefallen sind, vermag hier unten nichts mehr seine Sehnsucht zu wecken. Diese höhere Gleichgültigkeit nennen die Hindus *Vairâgya*.

3. *Upachâro* (Aufmerksamkeit oder Verhalten). Auf dieser Stufe müssen „die sechs Qualifikationen" (die *Shatsampatti* der Hindus) erreicht werden. In Pâli heißen sie:
   a) *Samo* (Stille). Die Reinheit und Ruhe der Gedanken entspringt der vollkommenen Beherrschung des Geistes, eine äußerst schwierig zu erlangende, doch unumgängliche Voraussetzung, denn wenn der Geist nicht der Führung des Willens gehorcht, kann er in Zukunft kein vollkommenes Instrument für das Werk des Meisters sein. Diese Eigenschaft beinhaltet die für die Astralarbeit notwendige Selbstkontrolle und Gelassenheit.
   b) *Damo* (Unterwerfung). Es handelt sich dabei um die Beherrschung von Wort und Tat – und somit um deren Reinheit – und ergibt sich aus dem Vorangegangenen.

c) *Uparati* (Aufhören). Sich der Bigotterie oder des Glaubens zu entledigen, den Vorschriften einer Religion Folge leisten zu müssen, führt den Schüler zu selbstständigem Denken und einer umfassenden Toleranz.

d) *Titikkhâ* (Ausdauer oder Geduld). Dieser Begriff beinhaltet die Bereitschaft, sein Karma mit Heiterkeit zu tragen und sich, wenn nötig, von allem und jedem zu trennen. Dazu gehört, sich nicht gegen Unrecht aufzulehnen, da der Mensch weiß, dass diejenigen, die ihm Unrecht tun, als Instrument seines Karma wirken.

e) *Samâdhâna* (Ernsthaftigkeit). Gespannte Aufmerksamkeit, die der Versuchung keine Gelegenheit bietet, den Strebenden vom Pfad abzubringen. Sie entspricht der bereits besprochenen Zielstrebigkeit.

f) *Saddhâ* (Vertrauen). Vertrauen in seinen Meister und in sich selbst. Der Schüler betrachtet den Meister als seinen Lehrer. So unzulänglich er sich auch fühlen mag, er weiß, dass er den Gottesfunken in sich trägt, der ihn, sobald der Meister ihn entfacht hat, eines Tages befähigen wird, die Meisterebene zu erreichen.

4. *Anuloma* (genaue Reihenfolge oder Aufeinanderfolge, eine natürliche Konsequenz der drei vorangegangenen Stufen). Die Sehnsucht nach der Befreiung vom irdischen Leben und der Vereinigung mit dem Höchsten. Die Hindus nennen diese Stufe *Mumukshatva*.

5. *Gotrabhû* (für die Einweihung geeignet). Auf dieser Stufe bündelt der Kandidat das Erreichte und stärkt es bis

zu dem Grad, der es ihm erlaubt, als Schüler seinen Fuß auf den eigentlichen Pfad zu setzen. Nachdem diese Stufe erreicht wurde, folgt sehr rasch die Einweihung in die nächste Phase. Auf die Frage. „Wer ist der Gotrabhû?“, erwiderte Buddha: „Der Mensch, der die Voraussetzungen für die unmittelbar darauf folgende Weihung erfüllt – dies ist der Gotrabhû.“

Die Weisheit, ohne die der heilige Pfad nicht betreten werden kann, wird *Gotrabhû-gñâna* genannt.

Nach diesem kurzen Überblick über die einzelnen Stufen der Probezeit soll nochmals darauf hingewiesen werden, dass nicht erwartet wird, dass in dieser frühen Phase die einzelnen Qualifikationen vollends erreicht sein müssen. Mohini bemerkt dazu: „Wenn sie alle gleichermaßen stark sind, wird die Stufe des Adepten in derselben Inkarnation erreicht“, was höchst selten vorkommt. Der Kandidat muss unermüdlich an ihnen arbeiten. Es wäre ein Irrtum anzunehmen, dass niemand zur nächsten Stufe zugelassen wird, der diese Voraussetzungen nicht vollkommen erfüllt. Hinzu kommt, dass, im Gegensatz zu den späteren Stufen, die Reihenfolge, in der sie erreicht werden, keine Rolle spielt. In vielen Fällen werden die einzelnen Qualifikationen gleichzeitig entwickelt, also eher neben- als nacheinander.

Es ist durchaus möglich, dass jemand diesen Pfad bereits eine Weile beschreitet, ohne um dessen Existenz zu wissen. Mancher gute Christ, mancher ernsthafte Freidenker mag schon weit auf dem Pfad vorangeschritten sein, der ihn schließlich zur Einweihung führt, obwohl er das Wort Esoterik niemals im Leben gehört hat. Ich weise besonders auf diese beiden Gruppen hin, da in jeder anderen Religion die esoterische Entwicklung als Möglichkeit anerkannt und von jenen bewusst angestrebt wird, die sich nach etwas sehnen, das sie mehr zufriedenstellt als die exoterischen Glaubensüberzeugungen.

Die einzelnen Stufen der Probezeit werden nicht durch Einweihungen im eigentlichen Sinne voneinander getrennt, obwohl sie mit Prüfungen aller Art und auf allen Ebenen übersät sind, möglicherweise erleichtert durch ermutigende Erfahrungen sowie Hinweise und Hilfestellungen, falls diese sicher gegeben werden können. Wir neigen bisweilen dazu, das Wort *Einweihung* etwas unbedacht zu verwenden, wie im Hinblick auf besagte Prüfungen. Im Grunde genommen bezieht sich der Begriff nur auf die feierliche Zeremonie, bei der ein ernannter Amtsträger, der im Namen des Einen Initiators dem Schüler offiziell Zutritt zu einem höheren Grad gewährt, sein Gelübde entgegennimmt und ihm den Schlüssel zu neuem Wissen an die Hand gibt, damit er sich dessen auf der neuen Ebene bedient. Eine solche Einweihung bildet das Tor zu einem neuen Abschnitt und führt auf ihm von Stufe zu Stufe.

Kapitel XVI

Der Pfad

Im Laufe der vier Etappen dieser Wegstrecke müssen die zehn *Samyojana* oder Fesseln, die den Menschen an das Rad der Wiedergeburt binden und ihn vom Nirvâna zurückhalten, abgestreift werden. An diesem Punkt unterscheidet sich der Weg des Jüngers von dem des Schülers. Ein Teilerfolg genügt jetzt nicht mehr. Ehe der Kandidat von einer Stufe zur nächsten schreiten kann, muss er von einigen dieser Fesseln *vollkommen* befreit sein. Zählt man sie auf, wird man die weitreichende Bedingung erkennen. Die Aussage der heiligen Bücher überrascht nicht, dass es oftmals sieben Inkarnationen bedarf, um diesen Abschnitt des Pfades zu durchwandern.

Jeder der vier Stufen oder Teilstrecken unterteilt sich in vier Abschnitte, denn jeder besitzt (1) sein *Maggo* oder seinen Weg, auf dem er sich bemüht, die Fesseln abzuschütteln; (2) sein *Phala* (Ergebnis oder Frucht), wenn die Auswirkungen solchen Handelns immer stärker zutage treten; (3) sein *Bhavagga* oder Ziel, die Periode, in der sich die Ergebnisse anhäufen und er die Aufgabe, die zu der Ebene gehört, auf der er nun fest steht, zufriedenstellend zu erfüllen vermag; und (4) sein *Gotrabhû*, der Zeitpunkt, in dem er bereit ist, die nächste Einweihung zu empfangen. Die erste Stufe ist:

I. *Sotâpatti oder Sohan*

Der Schüler, der diese Stufe erreicht hat, wird *Sowani* oder *Sotâpanna* genannt – „Er, der in den Strom eingetreten ist." Von diesem Zeitpunkt an kann er nicht mehr aus dem Spirituellen heraus- und dem Weltlichen völlig anheimfallen, selbst wenn er zaudern, subtilen Versuchungen erliegen und sich eine Weile vom Weg abwenden mag. Er hat die Richtung höherer Menschenentwicklung eingeschlagen, welche die gesamte Menschheit bis zur nächsten Stufe einschlagen muss. Andernfalls lässt die große Lebenswoge sie als vorübergehende Versager zurück, und sie müssen warten bis zur nächsten Weltenkette, um dort voranzuschreiten.

Der Schüler, der sich dieser Einweihung zu unterziehen vermag, hat die Mehrheit der Menschen bereits um eine große Wegstrecke überflügelt und damit sichergestellt, in der nahen Zukunft nicht aus dem Strom herauszufallen. Man bezeichnet ihn oft als den „Geretteten" oder den „Sicheren". Ein Missverständnis dieser Vorstellung führte dazu, dass eine bestimmte Sekte der christlichen Gemeinde die seltsame Theorie von der Erlösung verkündete. Die „ewige Erlösung", von der einige ihrer Dokumente sprechen, bedeutet nicht, wie der Unwissende blasphemisch vermutet, von ewigen Qualen errettet zu werden, sondern davon, den Rest dieses Zeitalters nicht zu vergeuden und voranzuschreiten. Der berühmte Satz im *Athanasischen Glaubensbekenntnis* geht von derselben Vorstellung aus, wenn es heißt: „Wer erlöst werden will, bedarf vor allen Dingen des katholischen (allumfassenden) Glaubens." Bevor die nächste Stufe erreicht werden kann, müssen folgende Fesseln abgelegt werden:

1. *Sakkâyaditthi* – Selbsttäuschung
2. *Vichikichchhâ* – Zweifel oder Ungewissheit
3. *Sîlabbataparâmâsa* – Aberglaube

Unter der ersten versteht man das „Ich-bin-Ich-Bewusstsein", das in Verbindung mit der Persönlichkeit nichts als eine Illusion ist und gleich zu Beginn des aufwärtsführenden Pfades ausgemerzt werden muss. Diese Fessel vollständig zu lösen, beinhaltet außerdem die Erkenntnis, dass die Individualität eins mit dem All ist und daher ihre Interessen denjenigen ihrer Brüder niemals entgegenwirken kann, und dass sie nur dann wirklich voranschreitet, wenn sie den Fortschritt anderer fördert.

Zeichen und Siegel für das Erreichen der *Sotâpatti*-Ebene ist das erste Eintreten des Schülers in die unmittelbar über der Mentalebene gelegene, die sogenannte buddhische Ebene. Es wird sich dabei nur um eine flüchtige Berührung der niedrigsten Unterebene dieses unsagbar erhobenen Zustandes handeln, den der Schüler selbst mit Hilfe seines Meisters erst spät zu erreichen vermag. Diese erste Berührung wird er niemals vergessen. Sie eröffnet ihm eine völlig neue Welt, die seine Gefühle und Vorstellungen von Grund auf verändern. Das erweiterte Bewusstsein dieser Ebene lässt ihn zum ersten Mal die allem zugrunde liegende Einheit wirklich erkennen, nicht bloß als intellektuelle Vorstellung, sondern als eindeutige Tatsache, die sich seinem schauenden Auge kundtut. Nun weiß er zum ersten Mal etwas über die Welt, in der er lebt, und gewinnt einen flüchtigen Einblick in die Liebe und das Mitgefühl der erhabenen Meister.

Was die zweite Fessel betrifft, bedarf es einer Erklärung. Unserer europäischen Denkweise ist die Vorstellung durchaus vertraut, dass ein Schüler blind an bestimmten vernunftwidrigen Dogmen festhält. Wenn wir hören, dass die Esoterik *Zweifel* als Hindernis für den Fortschritt betrachtet, neigen wir zu der Annahme, dass der gleiche unbestreitbare *Glaube* von ihren Anhängern erwartet wird, wie ihn die modernen abergläubischen Vorstellungen fordern. Eine völlig falsche Ansicht.

Es trifft zu, dass Zweifel (oder eher Ungewissheit) in Bezug auf bestimmte Fragen den geistigen Fortschritt behindern mag, aber das Gegenmittel zu diesem Zweifel ist nicht blinder Glaube (eine Fessel in sich selbst), sondern die Gewissheit der Überzeugung, gegründet auf individuellem Experiment oder mathematischer Schlussfolgerung. Solange ein Kind die Genauigkeit des Einmaleins anzweifelt, wird es wohl kaum die höhere Mathematik begreifen. Andererseits könnten sich seine Zweifel aufgrund von Beweisführung oder Experiment dahingehend auflösen, dass es die Aussagen des Einmaleins als richtig anerkennt. Es glaubt, dass zwei und zwei vier sind, nicht nur, weil man es ihm so sagte, sondern weil es für das Kind eine offenkundige Tatsache wurde. Genau dieser Weg muss beschritten werden, um esoterischen Zweifel auszuräumen.

Vichikichchhâ wurde als Zweifel an den Lehren von Karma und Reinkarnation definiert sowie als die Wirksamkeit der Methode, das höchste Gute auf diesem heiligen Pfad zu erreichen. *Samyojana* abzuwerfen bedeutet, absolute Gewissheit zu erlangen, basierend auf persönlichem Wissen aus erster Hand oder auf der Begründung, dass die esoterische Lehre in diesen Punkten zutrifft.

Die dritte abzustreifende Fessel umfasst alle Arten vernunftwidriger oder falscher Glaubensüberzeugungen sowie jegliche Abhängigkeit von der Wirkungsweise äußerer Riten oder Zeremonien zur Läuterung des Herzens. Derjenige, der sich dieser Fessel entledigen will, muss lernen, allein auf sich selbst zu bauen, nicht auf andere oder die äußere Hülle irgendeiner Religion.

Die ersten drei Fesseln bilden eine Einheit. Hat man den Unterschied zwischen Individualität und Persönlichkeit vollständig begriffen, besteht die Möglichkeit, den eigentlichen Reinkarnationsweg zu verstehen und alle diesbezüglichen Zweifel zu zerstreuen. Das Wissen um die geistige Dauerhaftigkeit des wahren Wesens verleiht dem Vertrauen in die eigene geistige Stärke Aufschwung und bereitet dem Aberglauben ein Ende.

II. *Sakadâgâmî*

Der Schüler, der diese zweite Stufe betritt, wird als *Sakadâgâmin* bezeichnet – „Ein Mensch, der nur einmal zurückkehrt." Dies bedeutet, dass der Mensch, der diese Stufe erreicht hat, nur noch einer Inkarnation bedarf, bevor er ein *Arhat* wird. Es werden keine weiteren Fesseln abgeworfen. Der Schüler ist damit beschäftigt, jene, die ihn noch binden, auf ein Minimum zu reduzieren. In der Regel handelt es sich um eine Periode beachtlichen übersinnlichen und intellektuellen Fortschritts.

Wurden die sogenannten übersinnlichen Fähigkeiten noch nicht erlangt, müssen sie auf dieser Stufe entwickelt werden. Ohne sie wäre es unmöglich, das nun gegebene Wissen aufzunehmen oder höhere Aufgaben für die Menschheit zu übernehmen, an denen der Schüler jetzt teilhaben darf. Er muss sich während der Wachphase seines irdischen Daseins willentlich in das Astralbewusstsein versetzen können. Während des Schlafens wird die himmlische Welt offen vor ihm liegen, denn in Abwesenheit von seinem irdischen Körper befindet sich das Bewusstsein des Menschen stets eine Stufe höher als unter der Bürde der fleischlichen Hülle.

III. *Anâgâmî*

Der *Anâgâmin* („Der, der nicht zurückkehrt.") sollte nach Betreten dieser Stufe die nächste in seinem jetzigen Leben erreichen. Er erfreut sich während seines Alltags der wunderbaren Möglichkeiten voranzuschreiten, die ihm die unschätzbaren höheren Fähigkeiten bieten. Verlässt er in der Nacht seinen physischen Träger, taucht er erneut in das umfassende buddhische Bewusstsein ein. Auf dieser Stufe entledigt er sich schließlich der noch verbliebenen Reste der beiden Fessel von:

4. *Kâmarâga* – Anhaftung an die Freuden der Empfindung, verkörpert durch die irdische Liebe und
5. *Patigha* – jede Möglichkeit von Ärger oder Hass.

Der Schüler, der diese Fesseln abgeworfen hat, wird nicht länger von seinen Sinnen beeinflusst, weder in Richtung Liebe noch in Richtung Hass. Im Hinblick auf irdische Gegebenheiten kennt er weder Bindung noch Ungeduld.

Auch in diesem Fall müssen wir uns vor einem möglichen Missverständnis hüten, dem wir häufig begegnen. Die reinste und edelste Menschenliebe stirbt *niemals*, wird durch esoterische Ausbildung *niemals* verringert. Im Gegenteil, sie verstärkt und weitet sich, bis sie *alle* mit derselben Inbrunst umschließt, wie sie anfänglich nur ein oder zwei überschüttete. Der Schüler zieht nicht länger die bloße *Persönlichkei*t derer in Betracht, die ihn umgeben, und ist somit frei von Ungerechtigkeit und Voreingenommenheit, die bei der gewöhnlichen Liebe oft eine Rolle spielen.

Diese umfassende Zuneigung bedeutet keineswegs, dass er die besondere Liebe für seine engen Freunde verliert. Die ungewöhnlich vollkommene Verbindung zwischen Ânanda und dem Buddha, oder wie die Liebe zwischen Johannes und Jesus, beweist, dass sie intensiviert wird. Das Band zwischen einem Meister und seinem Schüler ist weitaus stärker als jede irdische Bindung. Die Zuneigung, die auf dem heiligen Pfad erblüht, ist eine Zuneigung zwischen Geistseelen und nicht nur zwischen Persönlichkeiten. Aus diesem Grund ist sie stark und dauerhaft, ohne Furcht vor Nachlassen oder Schwankung, denn es ist jene „vollkommene Liebe, die die Furcht vertreibt".

IV. *Arhat* (der Ehrwürdige, der Vollkommene).

Auf dieser Ebene erfreut sich der Schüler fortwährenden Bewusstseins der Buddhi-Ebene und vermag sich ihrer Kräfte und Fähigkeiten zu bedienen, während er noch in einem physischen Körper weilt. Verlässt er diesen Körper im Schlaf oder in Trance, gleitet er unmittelbar in die unaussprechliche Herrlichkeit der Nirvâna-Ebene. Auf dieser Stufe muss der Esoteriker die letzten Überbleibsel der restlichen fünf Fesseln abwerfen:

6. *Rûparâga* – Verlangen nach Schönheit der Form oder physischer Existenz in einer Form, selbst der in der himmlischen Welt
7. *Arûparâga* – Verlangen nach formlosem Dasein
8. *Mâno* – Stolz
9. *Uddhachcha* – Agitation oder Reizbarkeit
10. Avijjâ – Unwissenheit.

Rûparâga abzustoßen, bedeutet nicht nur, sich von dem Verlangen nach irdischem Dasein zu befreien, so erhaben und edel dieses Leben auch sein mag, desgleichen von einem Leben auf der astralen oder der Ebene des Devachan, sondern auch von allen Auffälligkeiten, etwa übermäßig beeinflusst oder abgestoßen zu werden von der äußeren Schönheit oder Hässlichkeit einer Person oder einer Sache.

Bei *Arûparâga*, der Sehnsucht nach Leben, sei es auf den höchsten und formlosesten Ebenen des Himmels oder der noch höheren Buddhi-Ebene, handelte es sich lediglich um eine höhere, weniger sinnliche Form der Selbstsucht, und diese muss ebenso abgestreift werden wie die niedere Form. Uddhachcha heißt, „anfällig für die Beunruhigung des Geistes“. Ein Mensch, der sich von diesen Fesseln befreit hat, bleibt in jeder Situation gelassen. Nichts vermag ihn aus seiner würdevollen Ruhe zu bringen.

Sich von Unwissenheit zu befreien, setzt natürlich das Erlangen vollkommenen Wissens voraus – eine Allwissenheit im Hinblick auf unsere planetarische Kette. Sind alle diese Fesseln abgefallen, gelangt das Ego zur fünften Stufe, der Stufe des Adepten.

V. *Asekha*, „der, der nichts mehr lernen muss“.

Auf unserer gegenwärtigen Stufe ist es nahezu unmöglich zu begreifen, was diese Errungenschaft bedeutet. Der Adept schaut die ganze Herrlichkeit der Nirvâna-Ebene. Beschließt er, seinen Körper zu verlassen, besitzt er die Macht, eine noch höhere Ebene zu betreten. Professor Rhys Davids bemerkt dazu: „Er ist jetzt frei von jeglicher Sünde. Er sieht und schätzt alle Dinge nach ihrem wahren Wert. Alles Böse ist seinem Geist entrissen. Er kennt nur gerechte Wünsche für sich selbst, sanftes Mitleid, Rücksicht und hehre Liebe für andere."

Um zu zeigen, wie wenig er das Empfinden der Liebe verloren hat, lesen wir im *Metta Sutta* von der geistigen Verfassung desjenigen, der diese Ebene erreicht hat: „Wie eine Mutter liebt, die unter Lebensgefahr ihren einzigen Sohn beschützt, eine *solche* Liebe bringe allen Geschöpfen entgegen. Lasse unendliches Wohlwollen in der ganzen Welt herrschen, oben, unten und überall, vorbehaltlos und ohne ein Gefühl von Unterschied oder gegensätzlichen Interessen. Verweilt ein Mensch beständig und unerschütterlich in diesem Geisteszustand, ob er steht, geht, sitzt oder liegt, dann erfüllen sich die Worte: „Selbst in diesem Leben wurde Heiligkeit gefunden.""

Kapitel XVII

Was danach kommt

Es leuchtet ein, dass wir über die erforderlichen Qualifikationen für die noch höheren Ebenen, die der vollendete Mensch anstrebt, nichts wissen können. Auf der Stufe eines *Asekha* hat der Mensch alle Möglichkeiten moralischer Entwicklung ausgeschöpft. Jeder weitere Fortschritt kann demnach für ihn nur ein noch umfassenderes Wissen und eine Vermehrung seiner wunderbaren geistigen Kräfte bedeuten. Es heißt, sobald der Mensch seine spirituelle Mündigkeit erlangt hat, sei es im allmählichen Evolutionsverlauf oder auf dem kürzeren Pfad der geistigen Schulung, bestimmt er sein Schicksal selbst und wählt von sieben möglichen Pfaden, die sich ihm eröffnen, seinen zukünftigen Evolutionsweg.

Auf unserer augenblicklichen Ebene können wir natürlich nicht erwarten, viel über sie zu wissen. Der vage Umriss einiger Pfade vermittelt dem Geist nur sehr wenig, außer dass die meisten den Adepten von unserer Erdenkette entfernen, die ihm keinen ausreichenden Entwicklungsspielraum mehr bietet.

Manche wählen einen Pfad, der auch als „in das Nirvâna eingehen“ beschrieben wird. Wie viele zahllose Äonen sie in diesem sublimen Zustand verweilen, für welche Arbeit sie sich vorbereiten und wie sich ihr künftiger Evolutionspfad gestalten wird, wissen wir nicht. Selbst wenn uns Einblick gewährt werden würde, überstiege er unser gegenwärtiges Fassungsvermögen.

Eines jedoch leuchtet ein. Der Zustand des Nirvâna ist nicht, wie viele Ignoranten vermutet haben, ein Zustand der Leere, sondern vielmehr intensive und wohltätige Aktivität. Je höher der Mensch die Leiter emporsteigt, desto zahlreicher werden seine Möglichkeiten, desto größer und weitreichender sein Wirken für andere. Diese unendliche Weisheit und Macht bedeuten für ihn nur die Fähigkeit, grenzenlos zu dienen, denn sie werden von einer höheren Liebe geleitet.

Andere Adepten wählen einen geistigen Evolutionspfad, der nicht allzu weit von der Menschheit entfernt verläuft. Obwohl nicht unmittelbar mit der nächsten Stufe unseres Systems verbunden, erstreckt er sich über lange Zeiträume, mit deren Abschluss sie ebenfalls „Nirvâna anzunehmen“ scheinen, aber auf einer höheren Stufe als zuvor erwähnt.

Andere schließen sich der Deva-Evolution an, deren Weiterentwicklung innerhalb einer siebenfachen Kette, vergleichbar mit der unsrigen, verläuft. Jede Kette entspricht einer Welt. Diese Evolutionslinie erweist sich als der langsamste und müheloseste der sieben Wege. Obwohl es in den Büchern in diesem Zusammenhang bisweilen heißt, „der Versuchung zu erliegen, ein Gott zu werden“, kann dies nur im Vergleich zu der erhabenen Selbstverleugnung des Nirmânakâya gemeint sein, denn vor dem Adepten, der diesen Weg wählt, liegt eine glorreiche Zukunft. Obwohl es sich nicht um den kürzesten Weg handelt, ist es ein sehr edler Pfad.

Eine weitere Gruppe sind die Nirmânakâyas, die alle diese einfacheren Möglichkeiten ablehnen und den kürzesten, aber steilsten Weg zu den vor ihnen liegenden Höhen wählen. Sie bilden den „Schutzwall" und, wie es in der *Stimme der Stille* heißt, „beschützen die Welt vor weiterem und größerem Übel und Leid". Dies geschieht nicht, indem sie die von außen kommenden negativen Einflüsse abwehren, sondern indem sie ihre ganze Stärke einsetzen, die Welt mit geistigen Kraft- und Heilströmen zu überfluten, ohne die sie sich zweifellos in einem weitaus hoffnungsloseren Zustand befände als jetzt.

Wiederum andere verweilen in noch unmittelbarerer Beziehung zu den Menschen und inkarnieren sich auch weiterhin unter ihnen, indem sie den Pfad wählen, der die vier Stufen der sogenannten *Amtsperiode* durchläuft. Unter ihnen befinden sich die Meister der Weisheit, von denen diejenigen, die sich mit der Theosophie befassen, ihre bruchstückhaften Kenntnisse über die machtvolle Harmonie der sich entwickelnden Natur erfahren haben. Aber es scheint, dass nur eine verhältnismäßig geringe Anzahl diesen Weg gewählt hat, vermutlich nur so viele, wie es der Fortgang des physischen Aspektes der Arbeit erfordert.

Angesichts dieser verschiedenen Möglichkeiten rufen Leute manchmal überstürzt aus, dass ein Meister keinen anderen Weg wählen könne als jenen, welcher der Menschheit am meisten hilft, eine Bemerkung, die bei größerem Wissen nicht gefallen wäre. Wir dürfen niemals vergessen, dass es in unserem Sonnensystem neben unserer eigenen noch andere Evolutionen gibt. Um den umfassenden Plan des Logos auszuführen, bedarf es Adepten, die auf allen sieben Evolutionslinien wirken. Gewiss wird der Meister dorthin gehen, wo seine Arbeit am dringendsten benötigt wird, um seinen völlig selbstlosen Dienst den für diesen Teil des großen Evolutionsplans verantwortlichen Kräften zur Verfügung zu stellen.

Dies ist der Pfad, der vor uns liegt, der Pfad, auf den jeder beginnen sollte, seinen Fuß zu setzen. So überwältigend seine Höhen erscheinen mögen, wir dürfen nicht vergessen, dass sie langsam, Schritt für Schritt erreicht werden, und dass jene, die nahe seinem Gipfel stehen, sich einst ebenso wie wir im Sumpf der Täler abmühten. Obwohl dieser Pfad zunächst hart und mühsam erscheint, wird unser Tritt im Laufe des Aufstiegs fester und der Ausblick umfassender werden, was uns denjenigen, die neben uns wandeln, besser helfen lässt.

Aufgrund der anfänglichen Härte und Mühsal für das niedere Selbst wird oft missverständlich vom „Pfad des Leids“ gesprochen. Annie Besant hingegen bemerkte: „Alles Leid wird von einer tiefen, bleibenden Freude durchzogen, denn das Leiden entspringt der niederen Natur, die Freude der höheren. Wenn sich der letzte Rest der Persönlichkeit aufgelöst hat, gibt es nichts mehr, das leidet, und den vollendeten Adepten erfüllen ungetrübter Friede und immerwährende Freude. Er sieht das Ziel, dem alles entgegen strebt, und erfreut sich an dem Ende, denn er weiß, dass es sich bei dem Leid der Erde nur um eine vorübergehende Phase in der Menschenevolution handelt.

Das, von dem wenig gesprochen wurde, ist die tiefe Zufriedenheit, die der Tatsache entspringt, auf dem Pfad zu wandeln, das Ziel und den Weg dorthin zu erkennen, zu wissen, dass die Kraft, nützlich zu sein, zunimmt und die niedrige Natur allmählich ausgemerzt wird. Es wurde nur wenig über die Strahlen der Freude gesprochen, die aus höheren Ebenen auf den Pfad fallen, die verwirrenden Einblicke in die sich einst offenbarende Herrlichkeit, die Heiterkeit, die die Stürme der Erde nicht aufzuwühlen vermögen. Für jeden, der den Pfad betreten hat, haben alle anderen Wege ihren Reiz verloren, und ihre Leiden bergen eine stärkere Glückseligkeit als die höchsten Freuden der niederen Welt." (*Vâhan*, Bd. V, Nr. 12).

Kein Mensch sollte verzweifeln, weil er glaubt, die Aufgabe sei zu schwierig für ihn. Was ein Mensch vollbracht hat, kann auch er vollbringen. In dem Maße, in dem wir anderen zu helfen vermögen, werden jene, die das Ziel erreicht haben, uns helfen können. Von der untersten bis zur höchsten Stufe sind diejenigen, die den Pfad beschreiten, durch gegenseitigen Dienst miteinander verbunden. Niemand darf sich vernachlässigt oder allein fühlen. Obwohl die untere Treppenflucht in Nebel gehüllt sein mag, wissen wir, dass sie in höhere Regionen und klarere Luft führt, wo das Licht unablässig leuchtet.

Anhang

Heilkräfte und Heilengel

Das große Interesse, das zurzeit den alternativen Heilmethoden entgegengebracht wird, mag ein Zeichen dafür sein, dass wir uns an der Schwelle wichtiger Entdeckungen auf diesem Gebiet befinden. Vielleicht bringt es die Erwartung jener Menschen zum Ausdruck, die seit langem herbeisehnen, dass sich der Vorhang allmählich zu heben beginnt und das bisher Offenbarte die Hoffnung in ihnen aufkeimen lässt, dass die unbekannten oder nur erahnten Heilkräfte und die Gesetzmäßigkeit, der sie unterworfen sind, bald entschlüsselt werden.

Aus allen Teilen der Welt hört man von verblüffenden Fällen der Heilung, die man früher als Wunder bezeichnet hätte. Dennoch, wir haben erst die Stufe der Beobachtung und des Experiments erreicht und kennen die Gesetze nicht, denen solche Vorkommnisse unterworfen sind. Aus diesem Grunde ist es an der Zeit, uns ihnen behutsam und ehrfürchtig und gleichzeitig kühn und in der Gewissheit zu nähern, dass die Heilkräfte darauf warten, ausgeströmt, die Heilgesetze darauf warten, entdeckt zu werden, und die Heilengel bereit sind, uns in unseren Nöten beizustehen.

Die Liberal-Katholische Kirche leistet in diesem Zusammenhang einen wesentlichen Beitrag, wie die folgenden Ausführungen zeigen.

Der erste Teil des Textes gibt die Einführung zu einem Heilungs-Gottesdienst wieder, die in der 1924 veröffentlichten Liturgie der Liberal-Katholischen Kirche enthalten ist. In dieser Einführung werden die einzelnen Schritte des Gottesdienstes genau beschrieben und erklärt. Diejenigen, die mit der Materie nicht vertraut sind, werden die im zweiten Teil gegebenen Ausführungen über den Kräftestrom und das Wirken der Heilengel als umso verständlicher, aufschlussreicher und interessanter begrüßen. Jene, die an den Heilungsgottesdiensten teilnehmen, ohne im Besitz des angesprochenen liturgischen Textes zu sein, werden sich darüber freuen, in Ruhe nachlesen zu können, was sie aus den gelegentlichen Lesungen des amtierenden Geistlichen bereits kennen.

Bei dem zweiten Teil handelt es sich um die Beschreibung des Kraftstromes, den ich während des Heilungsgottesdienstes auf innerer Ebene beobachtete und derer sich die Heilengel bedienten, um unsere Heilbemühungen zu lenken. Diese Beschreibung spiegelt den besonderen Beitrag der Liberal-Katholischen Kirche zu den allgemeinen Kenntnissen über dieses Thema wider, das sich nun als Forschungsergebnis der Arbeit von Heilern darstellt, die annähernd in gleicher Weise arbeiten. Sollte eines Tages der ernsthafte Versuch unternommen werden, die der Wirkungsweise dieser inneren Kräfte zugrundeliegenden Gesetze eingehend zu erforschen, wird dies einen wesentlichen Beitrag leisten.

Währenddessen werden sich Ärzte, Priester oder Fürsprecher, abgesehen von ihrer eigenen Intuition, der Gewissheit erfreuen, dass ihre Bemühungen, zu heilen und zu helfen, von Wesen gelenkt werden, deren Fähigkeiten im Vergleich zu unserem Können praktisch unbegrenzt sind und deren Mitgefühl niemals versiegt.

Teil I

Einführung in einen Heilungsgottesdienst
(Aus der Liberal-Katholischen Liturgie von 1924)

Der Heilungsgottesdienst verfolgt einen zweifachen Zweck. Erstens jene, die dessen bedürfen, geistig zu erheben, und zweitens den unter verschiedenen physischen Krankheiten Leidenden möglichst Erleichterung zu verschaffen.

Zu Beginn wird die gedankliche Atmosphäre der Kirche mit Hilfe von Weihwasser gereinigt und für die Ankunft der Heilengel vorbereitet, die unmittelbar danach angerufen werden. Es folgt das *Confiteor.* Diejenigen, die in dieses Bekenntnis einstimmen, sollte die aufrichtige Sehnsucht erfüllen, sich über ihre unvollkommene Natur zu erheben und das höhere und edlere Leben anzustreben. Diese Haltung tiefer Aufrichtigkeit lässt unsere geistigen Kräfte aktiv werden. Der Priester erteilt die Absolution, die den Menschen aber nicht der Verantwortung für die Folgen seiner Missetaten enthebt. Er lernt die großen Lektionen des Lebens nur, wenn er jede einzelne Schuld, die er auf sich zieht, zurückzahlt. Die Absolution erleichtert es jedoch, einen Fehler zu berichtigen, indem man die mentalen und emotionalen Verwicklungen, welche die innere Natur blenden, ausräumt und die Verzerrungen im Ätherkörper glättet.

Die Anwesenden erheben sich und singen eine Hymne, die es ihnen ermöglicht, ihre Herzen für Christus zu öffnen und Seine Nähe und die Wunder Seiner Liebe zu spüren. Die Worte dieser Hymne sollten von jenen, die Hilfe suchen, gesungen und gefühlt werden. Es werden die Anweisungen des heiligen Jakobus für die Salbung der Kranken vorgetragen. Kniend stimmt die gläubige Gemeinde das *Veni Creator,* die überlieferte Bitte: „Komm, Schöpfergeist“, an. Während dieses Gesangs nimmt das hellsehende Auge wahr, wie allmählich jener wundervolle Feuerglanz, das äußere Zeichen der allmächtigen Gegenwart des dritten Aspektes der Trinität, den Kirchenraum erfüllt. In der Kraft dieser Gegenwart entsendet der Priester den reinigenden, beschwörenden Strahl, um alle Hindernisse auszuräumen, die den Heilungsstrom hemmen könnten.

Während der anschließenden Salbung des Patienten mit dem geweihten Öl wird das erhabene Oberhaupt der Heilungs-Engelscharen, der Erzengel Raphael, angerufen. In unserem verblendeten materialistischen Zeitalter vermuten die wenigsten Menschen den Beistand von Engeln, einer höheren Wirklichkeit, die im Laufe der Jahre klarer verstanden werden wird. Als Nächstes legt der Priester seine Hände auf den Kopf des Patienten, um mit der ganzen Kraft, die Gott ihm gegeben hat, die erhebende, heilende Kraft des Christus einfließen zu lassen. Seine Ordination bereitete ihn darauf vor, als Kanal für die Kraft und die Macht des Heiligen Geistes zu wirken. Diese Handlung gehört demnach zur Ausübung seines Amtes. Leitet ein Bischof den Heilungsgottesdienst, kann er zusätzlich seinen Bischofsstab, dessen Heilkraft seit langem bekannt ist, auflegen.

Während dieses Vorgangs der Salbung und des Handauflegens sollten den Patienten Liebe für Christus und Vertrauen in Seine Macht erfüllen. Wie eine Blume, deren Kelch sich für die Sonne öffnet, sollte sein ganzes Wesen für das Herabströmen des geistigen Einflusses bereit sein. Je weniger sich die Gedanken einer Person in diesem höchsten Augenblick auf sich selbst konzentrieren, desto empfänglicher werden die Tiefen seiner Natur für die mitfühlende Gegenwart Christi und umso größer die Möglichkeiten einer Heilung sein.

Die Heilige Kommunion bietet dem Patienten eine letzte große Möglichkeit geistiger Unterstützung und körperlicher Heilung. Es gibt keine größere Hilfe für Körper und Seele. Mit dem Empfang der geweihten Hostie wird der menschliche Körper für einige Stunden zum wahrhaften Schrein, der die leuchtende Liebe und Kraft des Christus ausstrahlt.

Es ist nicht zu erwarten, dass in diesen Gottesdiensten jene Spontanheilungen, die allgemeinhin (obgleich fälschlicherweise) als Wunder bezeichnet werden, häufig auftreten. In bestimmten Fällen können und werden sie eintreten. Da wir mit der Wirkungsweise dieser ungeheuren Kräfte nur unzureichend vertraut sind, ist es uns nicht möglich, Ergebnisse vorauszusagen. Viele Patienten, besonders chronisch Kranke, spüren vorübergehend eine beachtliche Besserung, erleiden dann aber einen allmählichen Rückfall und gleiten teilweise oder völlig in ihren alten Zustand zurück. Solche Patienten sollten einen neuen Versuch unternehmen. Nach einer anfänglich leichten Besserung könnte der zweite Versuch sie einen Schritt weiter bringen, ein dritter, vierter, fünfter und sechster sogar noch weiter. Selbst Christus behandelte den Blindgeborenen zweimal.

Falls ein Patient, auch nach wiederholten Versuchen, seine Gesundheit nicht wiedererlangt, sollte man nicht glauben, dass Christus nicht zu heilen vermag oder der Heilige Geist nicht heilen kann. Man darf nicht vergessen, dass es sich um schwache und unvollkommene menschliche Kanäle handelt und die göttliche Kraft aus irgendeinem Grund überhaupt nicht oder in der falschen Weise durch den Priester strömt; oder aber genau in der Art, wie es die Heilung eines bestimmten Patienten erfordert. Der Priester wird sein Bestes geben, um zu helfen. Der Patient wird sein Bestes geben, sich auf die Hilfe vorzubereiten. Das Resultat ruht in höheren Händen – in den Händen Christi, des Heilers und Königs.

Teil II

Fragen und Antworten

Frage: Einige unter uns haben während des Heilungsgottesdienstes einen auffallenden Unterschied in der Kraft bemerkt, die durch die einzelnen Priester strömt. Vermag ihre Persönlichkeit die Heilkraft in irgendeiner Weise zu beeinflussen oder zu ändern?

Leadbeater: Jeder Priester verleiht der Kraft eine persönliche Note, aber es spielen wohl noch andere Dinge eine Rolle. Der eine Aspekt oder Strahl der Kraft mag leichter durch die eine Person fließen, während ein anderer eher eine Person unterschiedlichen Typs durchströmt. Die jeweilige Persönlichkeit erleichtert die Aufnahme einer spezifischen Art der Kraft. Man könnte sie mit einer auf einen bestimmten Ton eingestimmte Saite vergleichen. Eine Saite vermag nur in einer Frequenz zu schwingen, es sei denn, man dämpft sie. Sollten wir auf eine bestimmte geistige Schwingungsfrequenz eingestimmt sein, werden wir auf sie reagieren und als Kanal für sie wirken. Die Saite reagiert nur auf die eine

Schwingung und auf keine andere. Die Eigenschaft unserer Natur, entweder unseres Strahls oder unseres Temperaments, eine Art Unterstrahl, lässt uns einen bestimmten Typ der Heilungskraft kanalisieren. Es scheint große Unterschiede in der von unseren Priestern übertragenen Kraft zu geben. Manche mögen eine allgemeine Kraft ausgießen, während andere einen etwas spezialisierten Kraftstrom weiterleiten. Ich habe mich mit verschiedenen Leuten unterhalten und erfahren, dass die einzelnen Patienten die Einwirkung des Priesters in unterschiedlicher Weise fühlten. Mehrere berichteten mir, dass A. den stärksten Einfluss ausübte. Andere hingegen berichteten, dass sie B. oder C. stärker spürten.

In jedem Fall kommt die Kraft, um die wir bitten und die wir empfangen, von der wir aber nur einen bestimmten Teil anziehen, von Christus. Die Kräfte der zahlreichen Engel, die Christus dienen, sind Seine Kraft. Wir riefen den Erzengel Raphael an. Die erhabene Gestalt, die daraufhin erschien, war wohl Sein Bevollmächtigter. Gewiss schien er für diesen Strahl zu stehen, obgleich alle Strahlen in Christus zusammenlaufen. Dieser gewaltige Heilengel bediente sich der Kraft, die wir herabflehten, und richtete sie auf einzelne Gemeindemitglieder, die nicht um Heilung gebeten hatten. Bereits bei unserem ersten Heilungsgottesdienst beeindruckte mich die Macht des Geschehens, die alles zu vermögen schien, und dies allein aufgrund einer schlichten Anrufung.

Bisher wissen wir kaum etwas über den Heilungsvorgang, aber wir sollten uns bemühen, ihn eingehender zu erforschen. Wir wirken sozusagen als Pioniere auf diesem Gebiet. Es scheint mir, dass sich im Laufe der Jahrhunderte niemand der Materie aus wissenschaftlicher Sicht genähert hat. Man betrachtete die Heilung als wundersame Intervention. Da sie von Gott ausging, musste sie vollkommen sein. Entweder Er heilte oder Er heilte nicht, und wenn Er heilte, musste es augenblicklich geschehen. In vielen Fällen erfolgt allerdings keine Spontanheilung. Andererseits hängt eine Heilung nicht davon ab, ob die Menschen mehr oder weniger von der Ausgießung der göttlichen Kraft berührt werden. Vielleicht werden wir unseren Nachfolgern helfen können, Regeln aufzustellen und die Gesetzmäßigkeit dieser Vorgänge zu entdecken.

Frage: Von welcher Ebene steigt die Heilkraft herab?

Leadbeater: Es handelt sich um eine physische Kraft. Die Patienten mögen eine geistige oder mentale Erhebung erfahren, aber die eigentliche Heilung geschieht im physischen Körper.

Frage: Strömt die Heilkraft nicht in die höheren Körper des Patienten und steigt von dort aus in den physischen Körper hinab?

Leadbeater: Nein, dies trifft nicht zu. Selbst bei einer geisteskranken Person muss man sich mit den Verknüpfungen zwischen dem Astral- und dem Mental- sowie dem Astral- und dem Ätherkörper befassen, da bei den meisten Geisteskrankheiten der Fehler in den Verbindungslinien liegt, nicht in den Körpern selbst. Andererseits mag es Fälle geben, in denen zunächst ein falscher Gedanke oder eine falsche Emotion beseitigt werden muss, ehe eine Heilung stattfinden kann. Im Allgemeinen strömt die Heilkraft geradewegs durch unsere Hände in den Ätherkörper der Person, mit der wir uns befassen. Obwohl wir ihn gleichzeitig mental und geistig beeinflussen mögen, fließt diese zusätzliche Kraft aus unseren eigenen höheren Körpern in den seinen. Der Zustrom der Heilungskraft auf den Patienten findet auf Ätherebene statt. Der größere Teil der Kraft ist folglich in Äthermaterie gehüllt.

Ich fürchte, wir nutzen den herabfließenden Kraftstrom nicht sehr effizient, da wir noch zu wenig über ihn wissen. Im Bemühen, ihn in bestimmte behandlungsbedürftige Körperbereiche zu leiten, scheinen wir die Patienten mit der gewaltigen Kraft einfach zu überfluten. Meinen Beobachtungen zufolge lässt sie sich kaum lenken. Wie eine Sturzflut rauscht sie durch den Patienten und beseitigt alles, was im Wege liegt.

Frage: Wenn sie Menschen heilen, muss dann deren Karma nicht eine andere Möglichkeit suchen, sich auszuwirken?

Leadbeater: Dessen kann man gewiss sein. Aber Karma bedeutet nicht Strafe. Es trachtet nur danach, ein Gleichgewicht herzustellen. Wenn wir eine zusätzliche Kraft einbringen, muss es dieses dabei mit in Betracht ziehen. Unser erster Heilungsgottesdienst wirkte sich in gewisser Weise recht seltsam aus. Ich hielt ihn selbst ab. Ob ich nun jemanden heilte oder nicht, das bleibt dahingestellt. In jedem Fall nahm ich eine ungeheure Vitalität in meinen Körper auf. Ich erwartete, aufgrund der Anstrengung am nächsten Tag völlig erschöpft zu sein. Wir hatten uns am Nachmittag zweieinhalb Stunden lang stehend über die Menschen gebeugt. Anstatt müde zu sein, fühlte ich mich aber ungewöhnlich munter, woraus sich schließen lässt, dass ein Teil der herabströmenden Kraft verblieb. Ich hielt sie nicht absichtlich zurück, sondern bemühte mich, sie vollständig auf die Patienten zu übertragen.

Frage: Wie sieht ein Heilengel aus?

Leadbeater: Das Bewusstsein dieses hochgewachsenen, würdevollen Wesens scheint gewöhnlich auf der spirituellen, der Nirvana-Ebene, tätig zu sein, obwohl es seine Kräfte auf die Ätherebene ergießt. Seine Aura erstrahlt vorwiegend in Grün und Violett. Die violetten Kräfte durchströmen den Priester während der Reinigungszeremonie, die der Salbung vorausgeht. Die Heilenergien leuchten grün. Der Gesang des *Veni Creator*, die Anrufung des Heiligen Geistes, erfüllt die Kirche mit einem roten Schein, der an eine im fernen Dunst versinkende Sonne erinnert, und verleiht dem Heilungsgottesdienst eine zusätzliche Kraft. Das Bewusstsein des erhabenen Heilengels lässt sich auf physischer Ebene kaum beschreiben. Ein Engel scheint seinen in vielen Bereichen tätigen Geist gleichzeitig zu durcharbeiten. Man vermag seine Gedanken ebenso wahrzunehmen wie die eines Menschen, nur mit dem Unterschied, dass es sich aufgrund der Komplexität seines Bewusstseins um eine verwirrende Vielzahl von Gedanken handelt. Dieser große Engel verfügt zweifellos über einen Gedankenbereich, der sich unablässig mit Fällen beschäftigt, die mit uns nichts zu tun haben. Er scheint uns nur einen Teil seiner Aufmerksamkeit zu schenken, was genügt, um uns wirksam zu durchfluten.

Während der Engel unermüdlich in unserer Kirche wirkte, war er gleichzeitig an dreißig oder vierzig anderen Orten tätig, die in irgendeiner Weise mit der Heilung von Krankheiten in Beziehung standen. Alle diese Szenen spiegelten sich in einer Vielzahl von lebendigen, farbigen und sich bewegenden Bildern in seiner Aura wider. Eines von ihnen ließ einen Chirurgen erkennen, der gerade operierte. Alle Anwesenden in dieser Szene waren weiß gekleidet. Der Chirurg machte einen Fehler. Er schnitt etwas, das er nicht beabsichtigte zu schneiden oder nicht hätte schneiden sollen. Es erfasste ihn blankes Entsetzen. Sofort schoss der Engel einen gleißenden Lichtstrahl auf ihn, was dem Schwingen eines Schwertes glich, ihn beruhigte und ihm zeigte, wie er vorzugehen hatte, um das Leben des Patienten zu retten.

In einem anderen Bild sah man einige Nonnen um das Bett einer Patientin knien, die wohl ihre Oberin war und im Sterben lag. Ihre Gebete umhüllten die Gestalt mit einem wunderschönen farbigen Gewebe, in das der Engel sanft und behutsam Lebenskraft einfließen ließ. Die Mutter Oberin starb nicht. Ein Hauch von Farbe überzog ihr Gesicht. Sie richtete sich auf und segnete die betenden Nonnen. Diese küssten ihr die Hand. Glücklich weinend gingen sie fort. Die Mutter Oberin trank etwas aus einer Schale, in das der Engel sein Licht gegossen hatte, und sank in einen gesunden Schlaf. Inzwischen erholte sie sich zusehends. Die Weltenmutter Maria war in diesem Fall ebenfalls zugegen. Sie stand nahe bei der sterbenden Nonne und erfüllte den Raum mit ihrem blauen Frieden. Seltsamerweise geschahen alle diese Dinge und viele mehr zur gleichen Zeit. Der Engel nahm an allen gleichermaßen teil. Sie spiegelten sich alle in unterschiedlichen Segmenten seines Bewusstseins wider.

In einem anderen Fall sah ich nur das Ende. Es handelte sich um einen gestrandeten Seemann oder Schiffsoffizier, der schwer verwundet und dem Tode nahe an einen einsamen Strand geschwemmt worden war. Aufgrund der unablässigen Gebete seiner Frau und seiner kleinen Tochter, die in seinem fernen Zuhause weilten und deren Karma es nicht zuließ, dass sie ihn verloren, durfte er nicht sterben. Er musste gestärkt und genährt werden, wozu viele kleine Zufälle beitrugen. Vom Baum fiel eine Frucht und rollte in seine Reichweite. Ein von einem Adler verfolgter Habicht ließ einen Fisch auf ihn fallen, und das Meer schwemmte kleine Dinge an, die ihm von Nutzen waren. Außerdem half der Engel der betenden Tochter, sich neben ihm zu materialisieren und ihn zu trösten. Er ermöglichte es ihr auch, sich beim Aufwachen daran zu erinnern. Sie erzählte ihrer Mutter von ihrem Traum, den sie als Wahrheit empfand. Daher beunruhigte sie die Nachricht von dem verunglückten Schiff nicht. Sie waren sich sicher, dass er gerettet worden war und bald zu ihnen zurückkehren würde. Offensichtlich umfasst die Arbeit eines Heilengels ein viel größeres Spektrum, als wir jemals vermuteten.

Es überraschte mich, denn ich hatte nicht erwartet, dass es Engel gibt, die auf diesem Gebiet wirken. Diese Tatsache bietet natürlich eine Vielfalt von Möglichkeiten. Das Wirken der Engel berührt unser Leben vielleicht auf mehr Ebenen, als uns bewusst wird. Engel können allgemein segnend und stärkend über die Kranken wachen. In dem umfassenden Bewusstsein des erhabenen Engels sah ich eine Anzahl von bettlägerigen Gestalten still nebeneinanderliegen – wahrscheinlich handelte es sich um eine Krankenhausstation – über denen ein Engel schwebte und auf sie einwirkte. Trotz ihrer Beschwerden sind kranke Menschen oft fröhlich. Ich habe mich gefragt, ob es nicht die Engel sind, die dazu beitragen. Eines ist gewiss, es umgeben uns Aktivitäten, von denen wir kaum etwas wissen. Ich selbst durfte einen Einblick gewinnen. Demütig und respektvoll werde ich versuchen, den Engel näher kennenzulernen, da dieser Aspekt himmlischen Wirkens mir völlig unbekannt ist, denn es kann geschehen, dass man unseren Heilungsgottesdienst regelmäßig besuchen möchte.

Gott hat mich gesandt, dich und deine Tochter zu heilen, denn ich bin Raphael, einer der sieben erhabenen Engel, die die Gebete der Heiligen darbringen und ein- und ausgehen in der Herrlichkeit Gottes.

Da waren sie beunruhigt und fielen auf ihr Antlitz, denn sie fürchteten sich. Aber der Engel sprach zu ihnen: Fürchtet euch nicht. Es wird alles zu eurem Besten gereichen. Nicht mein Wohlwollen, sondern der Wille Gottes ließ mich zu euch kommen. Preiset Ihn in alle Ewigkeit und danket Ihm, denn ich steige empor zu Ihm, der mich gesendet hat.

Das Buch Tobit

Sende deinen Erzengel Raphael, den Erneuerer der fehlgeleiteten Wege, die die Menschen beschreiten, der auf dein Geheiß Körper und Seele salbt und stärkt.

Mögen die selige Mutter unseres Herrn und Erlösers, die Gemeinschaft der Heiligen im Himmel und die himmlischen Heerscharen uns stets zur Seite stehen.

Englisches Gesangbuch

Die Aura des Christus

Es wurde die Bitte an mich herangetragen, die Aura des Maitreya zu beschreiben. Man wird verstehen, dass es völlig unmöglich ist, ihr in irgendeiner Weise gerecht zu werden, weder in Form einer Beschreibung noch einer bildlichen Darstellung. Vielleicht erahnt man ihre Strahlkraft, stellt man sie sich in einem Buntglasfenster dargestellt vor, durch das die Sonne leuchtet.

In jedem Falle umfasst sie einen weitaus größeren Radius als die Aura des Durchschnittsmenschen. Letztere umgibt den physischen Körper in einem Abstand von etwa fünfundvierzig Zentimetern. Die Aura einer fortgeschrittenen und selbstlosen Person dehnt sich entsprechend weiter aus. Die Aura eines Meisters umgibt diesen in vielen Fällen bis zu einer Meile oder darüber hinaus. Die normale aurische Ausdehnung des Mahachohan wurde in einem Umkreis von zwei Meilen beobachtet, während die Aura des Buddha, den Beschreibungen der heiligen Bücher des Orients zufolge, Menschen miteinschließt, die sich auf physischer Ebene in einer Entfernung von drei Meilen von ihm entfernt aufhalten. Die aurische Ausdehnung des Christus mag man sich in etwa dazwischen liegend vorstellen. Die Aura des „Herrn der Welt“, des spirituellen Königs, umfasst die gesamte Erde. Es gibt keine, die ihr gleicht. Die Darstellung der Aura eines Arhat in dem Buch *Der sichtbare und der unsichtbare Mensch* kommt der Vorstellung von der Aura des Christus am nächsten. Abgesehen von der generellen Ähnlichkeit, sind die Farben aufgrund der größeren Ausdehnung unterschiedlich angeordnet.

Wie bei der Aura eines Arhat, erstrahlt der Kern in blendend weißem Licht. Man entferne das ihn umgebende Gelb, lässt das Rosa sich nach innen, bis zum Rand des weißen Zentrums ausdehnen und umgibt dieses rosafarbene Oval anstelle des blauen mit einem gelben Band. Das Grün wird beibehalten, obwohl es unendlich viel lebendiger pulsiert und von einem blauen, gefolgt von einem violetten Ring umgeben wird. Es folgt ein breites Band eines herrlichen Blass-Rosa, in dem unmerklich das Violett aufgeht. Das Ganze wird von einer Farbmischung umstrahlt, wie sie im Buch dargestellt ist. Die weißen Lichtstrahlen, die einen Hauch des allgegenwärtigen Violett zu enthalten scheinen, blitzen hindurch. Die gesamte Aura vermittelt den Eindruck, als werde sie von einem zarten, glühenden Rosa durchpulst.

Auffallend ist, dass die Anordnung der Farbbänder der des Sonnenspektrums entspricht, obwohl die Farben Orange und Indigo fehlen. Der Farbe Rosa (einer Form des Rot) folgen ein Gelb, Grün, Blau und Violett, das in ein Ultraviolett übergeht, um sich anschließend in ein Rosa aufzulösen, wobei das Spektrum auf einer höheren Oktave erneut beginnt, vergleichbar mit der untersten Stufe der Astralebene, die der höchsten Stufe der physischen Ebene folgt.

Es handelt sich hierbei natürlich um eine äußerst unzulängliche Beschreibung, da die Aura weitaus mehr Dimensionen umfasst. Um die Frage annähernd beantworten zu können, habe ich einen dreidimensionalen Ausschnitt gewählt. Man könnte ebenso einen anderen Bereich in einer etwas unterschiedlichen Weise betrachten und zu leicht abweichenden, aber dennoch zutreffenden Ergebnissen gelangen. Die Wirklichkeiten der höheren Welten lassen sich auf physischer Ebene unmöglich erklären.

Charles. W. Leadbeater

Die Mentalwelt

Wie uns Gedanken im Diesseits und im Jenseits prägen

Pbk., 125 Seiten

ISBN 978-3-89427-482-5

Charles W. Leadbeater war einer der wenigen Geistesforscher, der sein Bewusstsein bis in die höheren Mentalebenen zu erheben vermochte. So war er in der Lage, jene wunderbaren Reiche zu erforschen, die in ihren lichtesten Ebenen als die „Himmelswelt" bezeichnet werden.

Leadbeater beschreibt nicht nur die Wesen dieser Welt, sondern er schildert in allen Einzelheiten, wie die reinen Gedanken des Menschen während seines Erdenlebens jene Sphären erschaffen, die ihm einst als himmlische Heimat dienen werden.

Die Astralwelt

Das Leben im Jenseits

Pbk., 136 Seiten

ISBN 978-3-89427-461-0

Leadbeater beschreibt nicht nur die Wesen der Astralwelt, sondern erklärt auch die Gesetzmäßigkeiten jener Sphäre, die nur eine „Stufe" über der Menschenwelt liegt. Dadurch wird beispielweise deutlich, welche Prozesse Verstorbene unmittelbar nach ihrem Tod durchleben; es wird nachvollziehbar, wie Gefühle und Emotionen eine eigene Welt formen; und es wird verständlich, auf welche Weise jenseitige Wesen Kontakt zur Erdenwelt aufzunehmen vermögen, um Botschaften zu vermitteln. Damit wird erkennbar, auf welche Weise der Kontakt zwischen Diesseits und Jenseits funktioniert – oder aufgrund der geistigen Gesetze nicht funktionieren kann.

Der bis zum heutigen Tag noch immer beste „Reiseführer" durch die jenseitigen Welten! Eines der unsterblichen Meisterwerke des wohl bedeutendsten Hellsehers der Neuzeit!

Charles W. Leadbeater

Der Alltag aus spiritueller Sicht

Hardcover, 384 Seiten

ISBN 978-3-89427-366-8

Charles W. Leadbeater hat, wie kaum ein anderer Autor der esoterischen Literatur der Neuzeit, die Auswirkungen geistiger Einflüsse auf das menschliche Leben erforscht. In diesem Grundlagenwerk geht er auf zahllose konkrete Situationen des Alltags ein. Er beschreibt die astrologischen Impulse ebenso wie die Einwirkungen von Naturwesen; er schildert die Wirkung von Kraftplätzen und Zeremonien; er erklärt, welchen Einfluss Nahrungsgewohnheiten auf die Gesundheit haben und wie Gedanken den Lebensweg jedes Einzelnen prägen. Aus der Fülle dieser teilweise so noch nie veröffentlichten Informationen erschließt sich ein geistiger Kosmos ungeahnten Ausmaßes, der in zahllosen Situationen ganz konkret in das tägliche Leben der Menschen einwirkt.

Ein Meisterschlüssel zum Verständnis des Einflusses unsichtbarer Kräfte im Alltag!

Peter Michel

Charles W. Leadbeater

Die Biographie

Pbk., 200 Seiten

ISBN 3-89427-107-8

Mit diesem Buch liegt erstmals eine Biographie vor, die Leben und Werk Leadbeaters in einem Band vereint. Es schildert die Anfänge Leadbeaters in England, die Begegnung mit H.P. Blavatsky und der Theosophie und die Einweihung durch seinen Meister in Indien. Das Zusammentreffen der beiden großen und doch so gegensätzlichen Persönlichkeiten Krishnamurti und Leadbeater wird detailliert behandelt. Seine wegweisenden Erkenntnisse und hellsichtigen Forschungsergebnisse, die unsere Zeit so entscheidend geprägt haben, werden im zweiten Teil ausführlich dargelegt.

C. W. Leadbeater
Gedankenformen
ISBN 978-3-89427-289-0
Die Chakras
ISBN 978-3-89427-288-3
Der sichtbare und der unsichtbare Mensch
ISBN 978-3-89427-287-6

Die Meisterwerke
C.W. Leadbeater zählt ohne Zweifel zu den größten Hellsehern und Eingeweihten der Neuzeit. Seine drei großen Meisterwerke sind jetzt in einer neuen Ausgabe wieder lieferbar.
Die gesamte esoterische Bewegung des 20. Jahrhunderts schöpfte in erheblichem Maße aus diesen Klassikern der spirituellen Literatur, die auch heute, am Beginn eines neuen Jahrtausends, nichts von ihrer geistigen Größe und Strahlkraft eingebüßt haben. Wenn viele moderne Autoren längst in der Vergessenheit versunken sein werden, wird noch immer in den Buchhandlungen aller Länder ein Platz reserviert sein für die großen Meisterwerke von Charles W. Leadbeater!

Charles W. Leadbeater
Das Leben in der geistigen Welt
Pbk. 120 Seiten
ISBN 978-3-922936-76-3
In allen Einzelheiten beschreibt der Seher den Übergang in die Geisteswelt im Augenblick des „Todes“, den Weg durch die Läuterungssphären und den Aufstieg in die Himmelswelten. Besonders beglückend und Trost spendend sind die Ausführungen über die Wiederbegegnung mit geliebten Menschen in den Jenseitswelten. Die Aufgaben und das hilfreiche Wirken der Schutzengel finden ebenso Beachtung wie das Wirken der Verstorbenen in höheren Daseinssphären.